PSICOLOGÍA DE LA ADOLESCENCIA
"ROMPIENDO CADENAS "

Henry Manzano

TÍTULO ORIGINAL:
PSICOLOGÍA DE LA ADOLESCENCIA "ROMPIENDO CADENAS" DEPÓSITO LEGAL 4-1-2061-08
REGISTRO SENAPI R.A. No. 1-830/2008.
REGISTRO ISBN 978-99954-0-460-4

REVISIÓN Y DIAGRAMACIÓN:
LIC. ADALID
MENDOZA
LIC. RAFAEL
CALCINA SR.
EDGAR
SIÑANI

PEDIDOS:
TELÉFONO: 2470716 CELULAR: 73273248
E-MAIL: henryman-manzano@hotmail.com

www.metacognicióndelarealidad.blogspot.com

PRÓLOGO

Los buenos docentes deben tener una formación científica, pedagógica y didáctica, que debe ser complementada con una permanente actualización académica y la experiencia enriquecedora del trabajo profesional en el aula.

El trabajo como docente es, ciertamente, muy delicado y con seguridad la más noble; pues, si se trata de educar a niños, adolescentes y jóvenes o de orientar a padres de familia y profesores, se necesita buenos libros, textos adecuados y pertinentes a nuestra realidad social y cultural.

Si hacemos una revisión de los escasos textos que hay en nuestro medio, se podrá constatar que no hay una renovación de temas acordes a la Psicología de la Adolescencia, que sean a su vez apropiados, tanto para los estudiantes, como también para los padres de familia. Aquí radica la novedad del libro de HENRY MANZANO, que contiene temas inusuales y, en algunos casos, sui generis, que enfocados de manera correcta, tienen una gran importancia en el campo de la Psicología General, de la Psicología Evolutiva y en particular de la Psicología de la Adolescencia.

El presente texto pretende prevenir, corregir, preparar y orientar a los adolescentes, padres de familia y profesores, en el marco de una educación integral, para que la etapa de la adolescencia no sea problemática y, más al contrario, se le dé la debida importancia.

Estimado lector, el libro que tiene en sus manos, bien vale la pena ser leído y estudiado, ya que tiene la enorme ventaja de tener un lenguaje claro, sencillo y comprensible, incluso, para aquellas personas que no tienen una formación especializada.

Por todo esto, la presente obra: **"PSICOLOGÍA DE LA ADOLESCENCIA, ROMPIENDO CADENAS"**, *refleja, por parte* *del autor, una enorme experiencia en el campo educativo y un espíritu superior de colaboración a la sociedad en pleno, que necesita conocer más a profundidad la verdadera realidad del adolescente en nuestro país.*

De nuestra parte, las mayores felicitaciones al amigo, colega y compañero de las buenas causas, Henry Manzano, por la presente obra.

La Paz, marzo del 2018.

Julio Velásquez Mallea
DOCENTE
POST-GRADO UMSA

DEDICATORIA

El presente trabajo va dedicado a la memoria de mi señora madre Doña Paulina, quién me enseñó que en la vida, todo se consigue con lucha, disciplina y trabajo; y a mi hija Paulina, que es la razón de mi vida.

También, deseando un futuro mejor para mi patria Bolivia, dedico la presente obra a los niños, adolescentes y jóvenes de hoy, hombres y mujeres del mañana.

PRESENTACIÓN

PSICOLOGÍA DE LA ADOLESCENCIA "ROMPIENDO CADENAS", *es un libro dirigido a estudiantes de colegios, normalistas, universitarios, profesores, padres de familia y público en general. Aborda en sus páginas temas poco usuales, los cuales son abordados con la mayor responsabilidad y seriedad del caso.*

Todo esto, respaldado en la creciente masificación de los medios de comunicación, en especial el Internet (que tergiversa valores, principios, conceptos, juicios y los buenos hábitos sobre todo de los hijos), por lo que se abre un gran abismo moral, que solo puede ser llenado con información real y objetiva, que forme de manera integral al ser humano.

Esta educación integral debe estar compuesta por cuatro pilares fundamentales que son: lo académico, lo vivencial, lo espiritual y la conciencia social, que harán del educando, del educador y del lector personas felices, con la capacidad de hacer el bien sin mirar a quien y capaces de dar amor sin esperar nada a cambio.

El presente libro pretende enfocar la cruda realidad en la que se desenvuelve el adolescente, los peligros que se ciernen sobre él, las maneras de prevenir estos peligros, los errores que cometen padres de familia, hermanos(as), profesores y sociedad en su conjunto, en la formación integral del adolescente y de sus familias. Ataca la hipocresía, la ignorancia, los tabúes, los prejuicios, los miedos y una pseudomoral propia de las sociedades conservadoras como la nuestra.

El presente texto aborda en cada capítulo un problema social, analiza sus causas y sus consecuencias, da a conocer los perfiles psicológicos de los actores de esos problemas y propone posibles soluciones a esos conflictos.

Ya es tiempo de volver a pensar en lo hermoso que es el ser humano, tanto física como espiritualmente, respetar el derecho de los demás, cumplir nuestras obligaciones, encontrar los vínculos de unión con nuestros semejantes, mediante el amor, el respeto, la honestidad y la superación personal, permitiendo el enriquecimiento de los conocimientos de los demás, para un mejor bienestar individual y social.

EL AUTOR

AGRADECIMIENTOS

Mi gratitud especial por las valiosas sugerencias, por la revisión crítica del libro, pero fundamentalmente por su estímulo y apoyo en todo momento a las siguientes personas:

A mi papá Don Julio Cesar Manzano, a mis hermanas Betty y Beatriz Manzano, a mi cuñado Guido Valeriano y, en particular, a mi querido sobrino, Cesar Manzano.

A mis distinguidos(as) amigos(as): Dra. Virginia Salgado, Dr. Iván Mompo, Dr. Reynaldo Rojas, Lic. Dennis Zuazo, Prof. Sergio Fernández (Osito), Prof. Ivan Paz (Pasco), Prof. Ivar Rivera, Sr. Edgar Huanca (Chino) y Sr. Porfirio Corani (Pocovi).

A mis estudiantes: José Luís Montevilla, Luz W. Choquehuanca y Silvia Eugenia Condori.

Para ellos, mi más grande reconocimiento y gratitud.

EL AUTOR

Capítulo I
INTRODUCCIÓN A LA PSICOLOGÍA DE LA ADOLESCENCIA

ETIMOLOGÍA

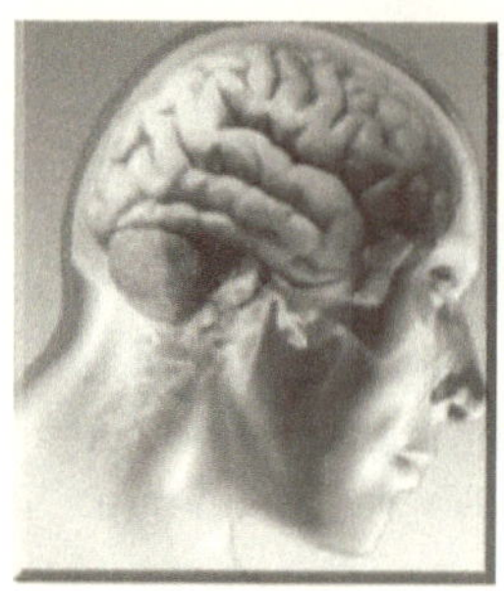

La palabra psicología deriva de las voces griegas "psique" que significa alma y "logos" que significa estudio. Por tanto, según su etimología, psicología significa: "ESTUDIO DEL ALMA"; pero, como el alma es un problema general, ese estudio se lo deja a la filosofía y lo único que la psicología hace es estudiar las manifestaciones psíquicas del alma.

Estas manifestaciones psíquicas son: la alegría, la tristeza, el dolor, el rencor, la voluntad, la afectividad, la percepción, la imaginación, etc., las cuales se expresan a través de la conducta.

CONCEPTO

La psicología es la ciencia que estudia las manifestaciones psíquicas del hombre. También, se puede decir que la psicología

es la ciencia que estudia la conducta.

En la actualidad, se considera a la psicología como la ciencia que estudia el comportamiento humano, entendido como la sumatoria de conductas. Su labor implica investigar, diagnosticar y evaluar el comportamiento manifestado en el plano individual, grupal, institucional y comunitario.

PADRE DE LA PSICOLOGÍA

El Padre de la Psicología es WILLIAM JAMES WILHELM WUNDT, quien creó el PRIMER LABORATORIO EXPERIMENTAL DE PSICOLOGÍA, en la Universidad de Leipzig (Alemania) el año de 1879. A partir de la creación de este laboratorio experimental, se introdujo en la Psicología dos métodos científicos: La observación y la experimentación. Con este hecho se hecho se da inicio a la Psicología Moderna.

RAMAS DE LA PSICOLOGÍA

La Psicología General se divide en varias ramas, como ser: Psicología Social, Psicología Diferencial, Psicología Anormal y la Psicología Evolutiva, entre las más importantes.

PSICOLOGÍA SOCIAL

Es la rama de la psicología general que estudia la conducta del ser humano dentro de un grupo social, es decir, la influencia que ejerce el individuo sobre el grupo o viceversa.

PSICOLOGÍA ANORMAL

Es la rama de la psicología general que estudia los trastornos de la personalidad, que son: La psicosis y la neurosis.

a) PSICOSIS

Es un trastorno de la personalidad que implica una falsa apreciación de la realidad. A los psicópatas se los considera como locos.

b) NEUROSIS

Es un trastorno de la personalidad que implica un gran sufrimiento interior, producto de la pelea interna entre el Yo (parte consciente) y el Ello (parte inconsciente).

PSICOLOGÍA DIFERENCIAL

Es la rama de la psicología general que estudia las diferencias que existen entre las personas, ya sea por su edad, sexo, talla, peso, estado civil, color, credo religioso, tendencia política, etc.

PSICOLOGÍA EVOLUTIVA

Es la rama de la psicología general que estudia el desarrollo psíquico de las personas en

sus diversas etapas de desarrollo humano, es decir, la psicología evolutiva se ocupa de estudiar la conducta del ser humano desde la concepción hasta la muerte.

La psicología evolutiva, a su vez, se subdivide en: Psicología de la infancia, psicología de la adolescencia, psicología de la vida adulta y psicología de la ancianidad. La que nos interesa, en particular, es la psicología de la adolescencia.

PSICOLOGÍA DE LA ADOLESCENCIA

Es la rama de la psicología evolutiva que estudia el desarrollo psíquico de los adolescentes. Este desarrollo psíquico se expresa en la conducta de los adolescentes a partir de su realidad.

IMPORTANCIA DE LA PSICOLOGÍA

La importancia del conocimiento de la psicología radica en que, a través de ella, podemos conocer a los demás; conocernos a nosotros mismos y, de esta manera, mejorar nuestras relaciones sociales.

[13]

PARA QUE ENTIENDAS MEJOR...

El dueño de un negocio estaba clavando un cartel, en la puerta de su negocio, que decía: "Cachorros en venta" como era de esperarse pronto apareció un chiquito: ¿A cuánto va a vender a los cachorros? Y el dueño le respondió: "Más o menos, treinta a cincuenta dólares, a excepción de "Caqui que está mal de su caderita, por lo cual cojea". El niño se entusiasmó y dijo: "¿Qué? ¡Ese perrito es el que quiero comprar! ".

El dueño le respondió: "No, tú no quieres comprar ese perrito. Si realmente lo quieres te lo daré gratis". El niño se molestó y le dijo: "No quiero que me lo regale. Ese perrito vale tanto como los otros cachorros y le pagaré el precio total en cuotas, hasta terminar de pagarlo".

El dueño del negocio nuevamente lo contradijo: "No creo que estés hablando en serio, porque ese cachorrito nunca podrá correr y jugar contigo, como lo hacen los demás". Al oír esto, el chiquito se agachó y se levantó el pantalón, para revelar una pierna izquierda torcida e inválida apoyada en un aparato metálico. Miró al dueño del negocio y suavemente respondió: "Bueno, yo tampoco corro muy bien y el cachorrito va a necesitar alguien que lo entienda

La moraleja de esta historia es, que las personas sólo buscan ser entendidas y no entender, cuando primero debería ser que entiendan a los demás, para luego ser entendidas. A raíz de esto, cobra vital importancia el conocimiento de la Psicología.

Capítulo II
DESARROLLO FÍSICO EN LA ADOLESCENCIA

La vida se origina a partir de un espermatozoide que fecunda a un óvulo; empero, para explicar el desarrollo físico del ser humano, necesariamente, tenemos que hablar de los periodos: Pre-natal, Peri-natal y Post-natal.

PERIODO PRE-NATAL

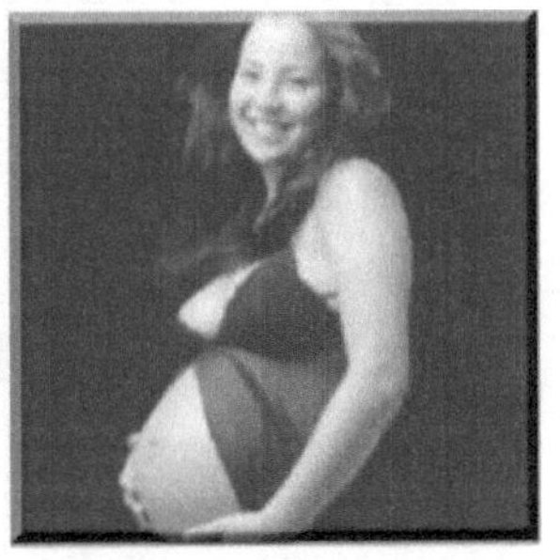

Este periodo comprende desde el momento de la concepción (momento en que el espermatozoide fecunda al óvulo) hasta las primeras contracciones previas al parto, es decir, abarca los 9 meses de gestación o embarazo. Este periodo es de vital importancia porque los cuidados, paz, amor y sobre todo la alimentación que reciba la madre en gestación, serán vitales para el desarrollo físico y psicológico del hijo que se espera.

PERIODO PERI-NATAL

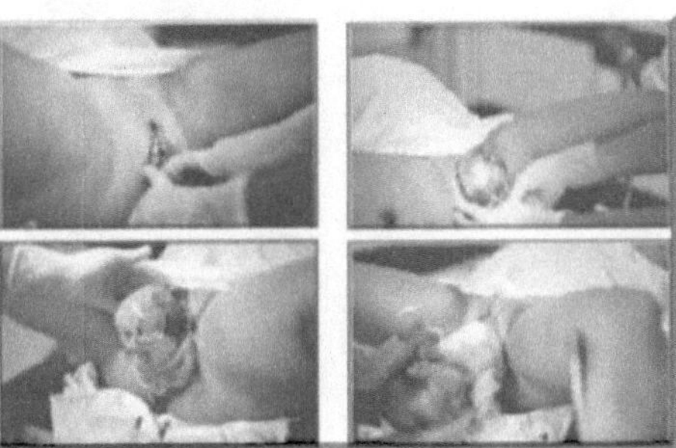

Este periodo comprende todo el tiempo que dura el parto, desde las primeras contracciones del útero hasta el nacimiento del nuevo ser. Esta etapa también es importante debido a que, si no se hace un buen trabajo de parto, existe el peligro de que la placenta se rompa y deje salir todo el líquido amniótico de su interior que es el oxígeno del nuevo ser; por lo cual, si no nace de manera inmediata, le faltará oxígeno y eso dará lugar a la muerte de neuronas en el cerebro, siendo lo más probable que el niño nazca con retardo mental, que imposibilitaría su normal desarrollo físico y psicológico.

PERIODO POST-NATAL

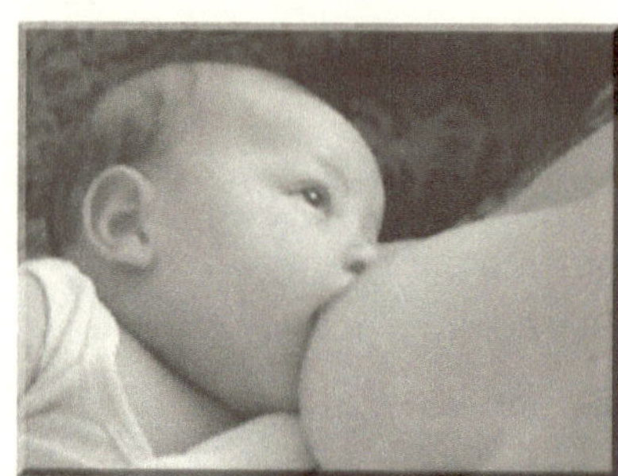

Este periodo comienza con el puerperio, que comprende desde la terminación del parto (nacimiento), hasta la completa normalización del organismo de la madre y del nuevo ser. Este periodo es de vital importancia para el desarrollo físico y psicológico del neonato (nuevo ser), a partir de los cuidados, seguridad, posibilidades de jugar, alimentación y amor que reciba. Por esta razón, los infantes, niños y adolescentes no deben ser abandonados por sus padres.

ADOLESCENCIA

Es un periodo de transición, por el cual el ser humano pasa de la niñez a la vida adulta.

En la adolescencia se produce una crisis de identidad, ya que el adolescente no sabe con exactitud si es un niño o un adulto, porque sus padres, muchas veces, lo tratan como a un niño limitándole muchas cosas; y a veces, como a una persona mayor dándole una serie de responsabilidades. Esto genera, muchas veces, en el adolescente una actitud rebelde (no en todos los casos), que solo es comprendido, supuestamente, por otros muchachos(as) como él o ella; por consiguiente, se refugia en el grupo de amigos positivos o negativos, sintiéndose fortalecido dentro del grupo.

La adolescencia se divide en dos grandes etapas: la pubertad o pre-adolescencia y la adolescencia propiamente dicha.

PUBERTAD (11,12-14,15)

Deriva de la voz latina PUBES, que significa "vellos" y es justamente la aparición de los vellos púbicos y axilares, la principal característica de la pubertad.

La pubertad se la puede explicar a través de las características sexuales primarias y las características sexuales secundarias.

CARACTERÍSTICAS SEXUALES PRIMARIAS

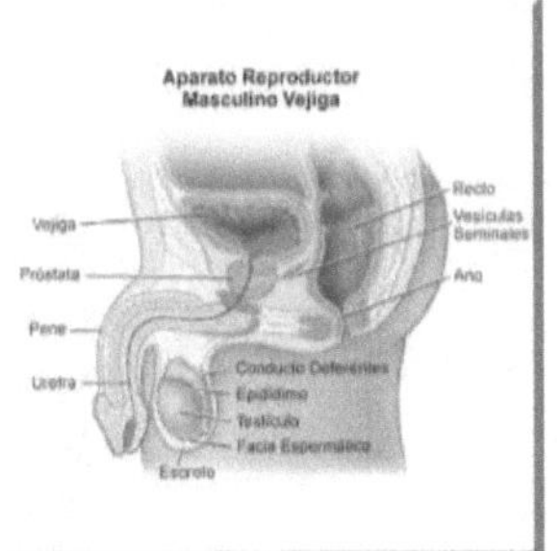

Están referidas al desarrollo de las glándulas sexuales, tanto en varones como en mujeres, debido a que la hipófisis segrega la hormona gonadotropina, por influencia del medio en el que se desenvuelven ellos.

En los varones se desarrollan los

[17]

testículos, por lo que se produce, como consecuencia natural de este hecho, la primera eyaculación o secreción de espermatozoides, tanto de manera consciente como inconsciente. Consciente cuando hay un estímulo de por medio y de manera inconsciente en los famosos sueños mojados.

En las mujeres se desarrollan los ovarios que segregan, a su vez, óvulos. Producto de este desarrollo, aparece en las mujeres la "menarquia" o primera regla menstrual.

A partir de esto, tanto varones como mujeres ya pueden llegar a ser madres o padres mediante una relación sexual o una inseminación artificial, lo que antes se conocía con el nombre de "Bebé Probeta" y lo que hoy es la famosa fecundación "In Vitro".

CARACTERÍSTICAS SEXUALES SECUNDARIAS

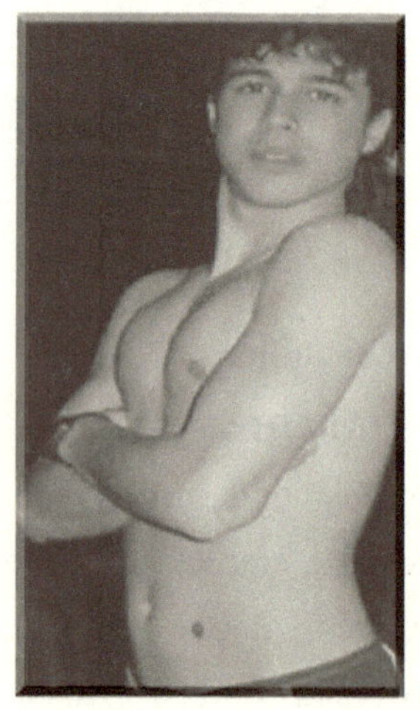

Están referidas a los efectos secundarios o colaterales del desarrollo de las glándulas sexuales, que se traduce en cambios físicos y psicológicos.

En los varones aparece el bozo, el acné, la manzana de Adán, el cambio de voz (gruesa), las espaldas se amplían, se desarrollan los músculos y los huesos, se dan las poluciones nocturnas de espermatozoides y aparecen los vellos púbicos y axilares.

En las mujeres aparece el bozo, el acné, el cambio de voz (delgada), crecen los bustos, desarrollo de los huesos, aparece la menarquia, se dan los sueños mojados, se ensanchan las caderas y aparecen los vellos púbicos y axilares.

Estos cambios físicos vienen acompañados de cambios psicológicos, es decir, de conducta.

ÉPOCA DE CAMBIOS

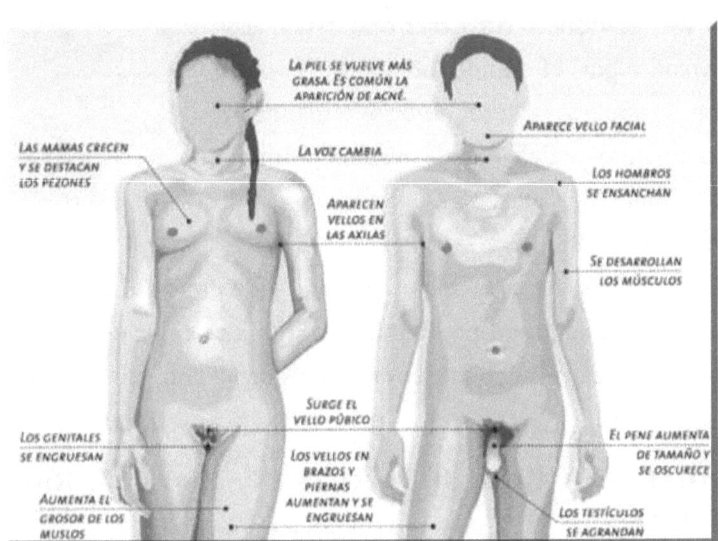

ADOLESCENCIA PROPIAMENTE DICHA (14,15-18,19,20)

La palabra adolescencia deriva de la voz latina ADOLESCERE, que significa "crecimiento" y es, justamente, el crecimiento la principal característica de la adolescencia. Este crecimiento es físico, mental, afectivo y social.

Los chicos crecen más rápido hasta los 10 años y las chicas hasta los 13 años. En las chicas se produce un crecimiento acelerado alrededor de los 11 años y alcanza su máxima expresión de

[19]

crecimiento a los 13 años. En cambio, en los chicos esa aceleración se produce entre los 13 y 15 años.

El desarrollo físico del adolescente es INARMÓNICO, ya que solo se desarrollan las extremidades inferiores y superiores; y no así, el tronco. Su desarrollo físico está marcado por el rápido aumento de peso, gran apetito, desequilibrio glandular, crecimiento de los huesos, mejor coordinación muscular y un rápido crecimiento del corazón.

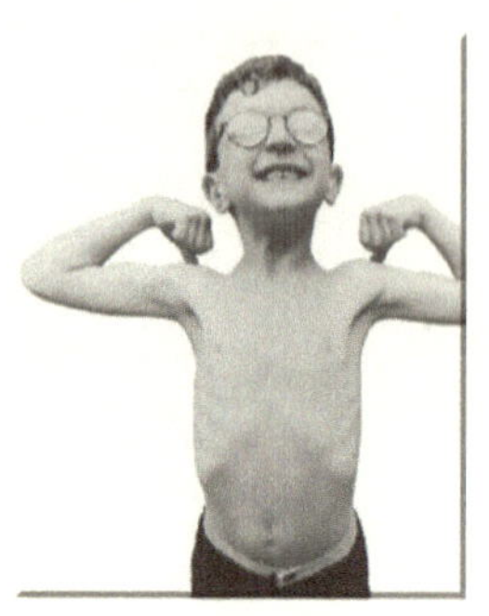

La adolescencia es una etapa de la vida donde el adolescente es sensible a cualquier tipo de crítica o ironía en relación a su aspecto físico. Necesita recibir mensajes de aceptación, de aprecio y de respeto.

FACTORES QUE DETERMINAN EL DESARROLLO FÍSICO

Los factores que determinan el desarrollo físico de las personas son: El factor hereditario (talla de los padres) y el factor del medio ambiente, como ser: la alimentación, el clima, el medio geográfico, el grado de instrucción y la

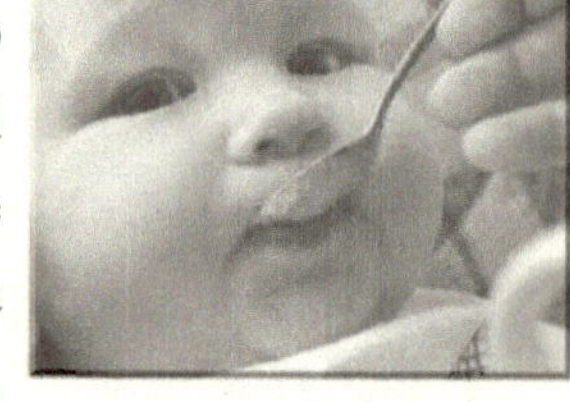

situación económica de los padres.

PARA QUE ENTIENDAS MEJOR...

Por un accidente fortuito, se incendiaba una escuelita, llegaron los bomberos y sacaron a un niño inconsciente, más muerto que vivo. Tenía quemaduras graves en la mitad inferior de su cuerpo y lo llevaron al hospital más cercano.

En su cama, el niño horriblemente quemado y semiinconsciente, oía al médico que hablaba con su madre. Le decía: "Seguramente su hijo morirá, era lo mejor que podía pasar, pues, el fuego ha destruido la parte inferior de su cuerpo (piernas)".

Pero el valiente niño no quería morir y decidió sobrevivir. De alguna manera, para la sorpresa del médico, sobrevivió. Una vez superado el peligro de muerte, volvió a oír a su madre y al médico hablando despacito: "Dado que el fuego destruyó tanta carne de la parte inferior de su cuerpo", le decía el médico a la madre, "Habría sido mejor que muriera, ya que estará condenado a ser inválido toda su vida, sin la posibilidad de utilizar sus extremidades inferiores".

Una vez más, el valiente niño tomó la decisión. No sería un inválido y caminaría. Pero, desgraciadamente de la cintura para abajo, no tenía capacidad motriz. Sus delgadas piernas colgaban, sin vida. Finalmente, le dieron de alta.

Todos los días su madre le hacía masajes en las piernas, pero no había sensación, ni control. No obstante, su determinación de caminar era más fuerte que nunca.

Cuando no estaba en la cama, estaba confinado en una silla de ruedas. Una mañana soleada, la madre lo llevó al patio para que tomara aire fresco. Ese día, en lugar de quedarse sentado, se tiró de la silla y se impulsó sobre el césped arrastrando las dos piernas.

Llegó hasta el cerco de postes blancos que rodeaba el jardín de su casa. Con gran esfuerzo se paró agarrándose de los postes, empezó a avanzar poste por poste, decidido a caminar. Empezó a hacer lo mismo todos los días hasta que hizo una pequeña huella junto al cerco. Solo quería darle vida a esas dos piernas.

Por fin, gracias a los masajes diarios que le daba su mamá, su persistencia férrea y su resuelta determinación, desarrolló primero, la capacidad de pararse, luego de caminar tambaleándose, para finalmente, caminar solo y después correr.

Empezó a ir caminando al colegio, después corriendo, por el simple placer de correr; más adelante, en la universidad formó parte del equipo de carrera sobre pista.

Y aún después, este joven del que nadie tenía esperanzas que sobreviviera, que nunca caminaría, que nunca tendría la posibilidad de correr, se tituló de médico y obtuvo en los juegos nacionales la medalla de oro en los 100 y 200 metros.

La moraleja de esta historia es, que el desarrollo físico es importante para el desarrollo integral de las personas; pero, una discapacidad física no debe ser limitante entre nosotros y nuestros sueños.

Capítulo III
LA ALIMENTACIÓN Y EL DEPORTE EN LA VIDA DEL ADOLESCENTE

En los últimos años, la salud de los adolescentes ha sido tema de preocupación, ya que el sedentarismo y los nuevos hábitos de consumo han marcado la pauta en la alimentación de nuestros jóvenes.

La adolescencia es una etapa de la vida, marcada por importantes transformaciones fisiológicas, emocionales y sociales; donde la alimentación cobra una especial importancia. Los adolescentes viven frecuentemente ocupados en la escuela, el trabajo y las actividades deportivas. Por ello, es relevante evitar tanto el déficit nutritivo como los excesos, ya que ambos pueden ocasionar graves trastornos en la salud.

Las necesidades de energía están estrechamente relacionadas con el sexo, edad y nivel de actividad física. Es conveniente consumir una cantidad y una variedad adecuada de alimentos para satisfacer esos requerimientos.

INFLUENCIA DE LA FAMILIA

La influencia del ámbito familiar en el desarrollo de estos comportamientos es decisivo: los niños observan nuestra manera de comer, si decidimos la oferta de alimentos en casa, si estimulamos el comportamiento activo o sedentario de los hijos, el dinero que los niños tendrán para golosinas, masitas, refrescos, helados, etc.

La familia, como primera transmisora de estos mensajes, debe tener conocimientos básicos sobre alimentación saludable, que permita la elaboración de menús variados y equilibrados. De esa manera, se evita o reduce la necesidad de consumir alimentos menos nutritivos a media mañana y se mejora el rendimiento físico e intelectual en el colegio.

PROBLEMAS DE ALIMENTACIÓN EN LA ADOLESCENCIA

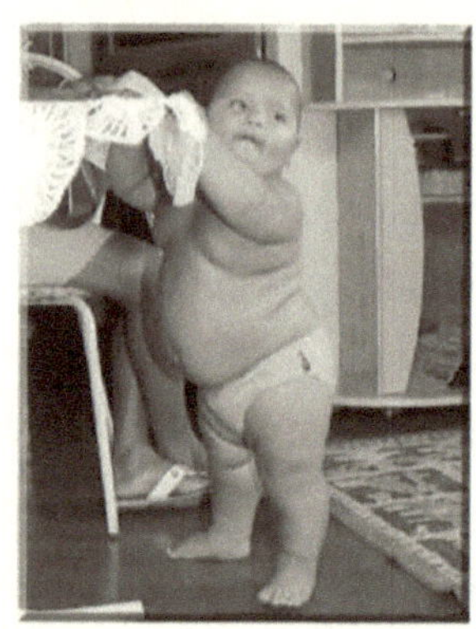

El sobrepeso es una causa frecuente de infelicidad en los adolescentes. Si son criticados o se ríen de su aspecto físico, pueden disgustarse consigo mismos y llegar a deprimirse de forma significativa, lo cual hace que el problema del peso empeore.

El hacer dieta puede agravar realmente la situación, por tal motivo, es importante que ellos se sientan felices consigo mismos, estén gordos o delgados.

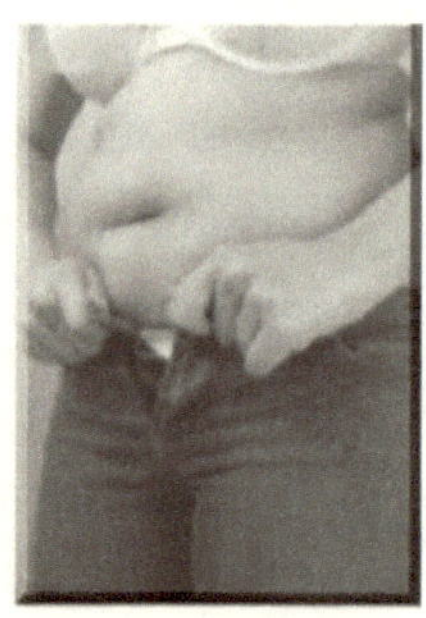

En la adolescencia importa mucho la apariencia, por lo que, la dieta en algunas adolescentes puede degenerar en la bulimia o anorexia nerviosa; sin embargo, esto se da cuando son sometidas a una dieta, tienen una pobre opinión de sí mismas, se encuentran bajo tensión o han tenido problemas de sobrepeso en la infancia.

MINERALES Y VITAMINAS QUE TIENEN ESPECIAL IMPORTANCIA EN LA ADOLESCENCIA

MINERALES

Los minerales que tienen especial importancia en la adolescencia porque inciden en su crecimiento son: El calcio, el hierro y el zinc.

a) CALCIO

Ayuda al crecimiento de la masa ósea, viene en la leche y todos sus derivados. La vitamina D (aceite de hígado de bacalao, yema de huevo y la leche), la lactosa y las proteínas facilitan su absorción; mientras que la fibra, la cafeína y el azúcar la dificultan.

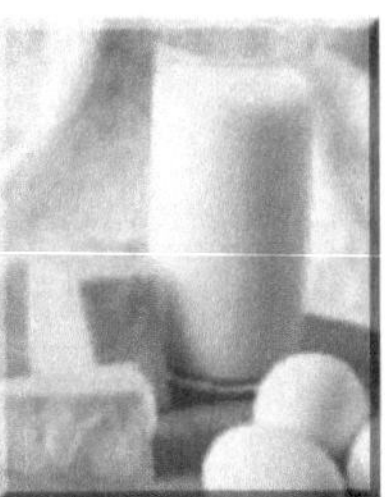

b) HIERRO

Ayuda al desarrollo de tejidos hemáticos (los glóbulos rojos y de la masa muscular). Se recomienda para el adolescente varón, durante el periodo de máximo crecimiento (10 a 17 años) y para las chicas, después de la menarquia. El hierro que mejor se absorbe, es el procedente de la carne, mientras que el procedente de legumbres, verduras y otros alimentos se absorbe menos.

c) ZINC

Ayuda al desarrollo de la masa ósea y muscular. También está relacionado con el crecimiento del cabello y las uñas. La carencia de Zinc, se relaciona con lesiones en la piel, retraso en la cicatrización de heridas, caída del cabello, fragilidad en las uñas, etc. El déficit crónico puede causar hipogonadismo (órganos reproductores muy

pequeños).

La fuente principal de zinc la constituyen: las carnes, los pescados y los huevos. También, los cereales complejos y las legumbres constituyen una fuente importante.

VITAMINAS

Para los adolescentes, es recomendable las vitaminas que, de una u otra forma, se relacionan con las proteínas, que estimulan su crecimiento y desarrollo: la vitamina A (espinaca, zapallo y zanahorias), vitamina D (aceite de hígado de bacalao, yema de huevo), vitamina C 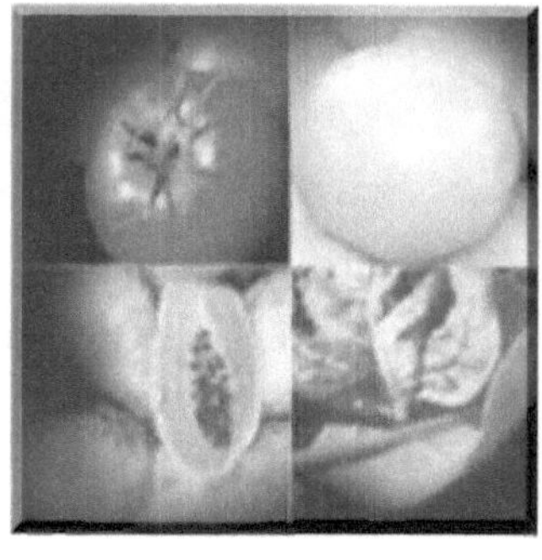 (limón, naranja, toronja, mandarina, etc.), vitamina K (perejil, coliflor, alfalfa, repollo, pescado, hígado de res, etc.), ácido fólico , B12, B6, riboflavina, niacina, y tiamina, sin que se recomiende cantidad mínima o específica de ninguna de ellas. Las fuentes principales de todas ellas son: las frutas y las verduras.

RECOMENDACIONES

• Evitar el consumo de alimentos salados; pero, a la vez, promover la utilización de sal yodada.

• Evitar las frituras.

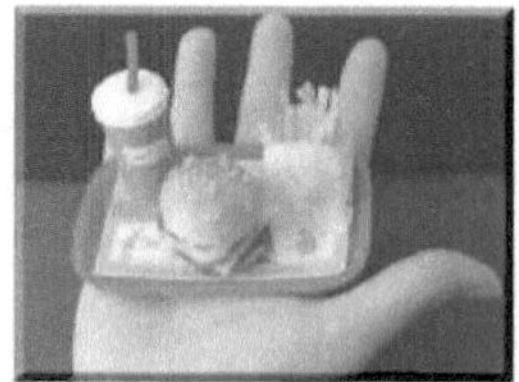

• Consumir uno o dos litros de agua diariamente.

• Evitar las bebidas muy azucaradas.

• Evitar el consumo de bebidas alcohólicas y cigarrillos.

Evitar el exceso de gaseosas.

Evitar el exceso de comida chatarra (hamburguesas, salchipapas, pollos a la broaster o spiedo, etc.)

Evitar consumir alimentos fuera de casa, porque no sabemos cómo están preparados.

CONSECUENCIAS FISIOLÓGICAS

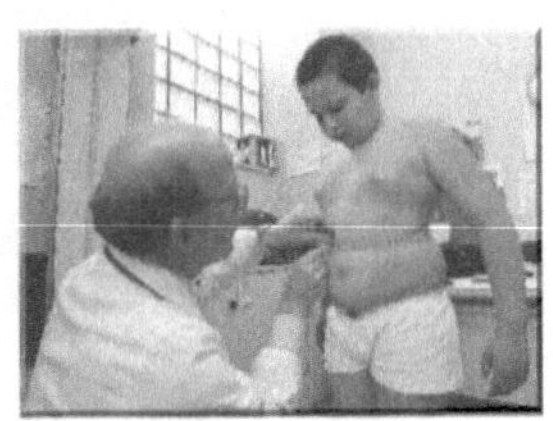

- Gastritis.

- Cáncer de estómago.

- Infecciones estomacales.

- Úlceras.

  - Salmonelosis.

  - Estómagos sensibles.

  - Falta de talla.

  - Bocio.

  - Hipogonadismo.

  - Raquitismo.

  - Enfermedades cardíacas.

  - Diabetes.

  - Falta de peso.

PSICOLÓGICAS

  - Bajo rendimiento escolar.

  - Baja autoestima.

  - Complejos de inferioridad.

  - Falta de seguridad.

  - Sentimientos de culpa.

SOCIALES

- Deserción escolar.
- Problemas familiares.
- Aislamiento.

TRASTORNOS ALIMENTICIOS

Los principales son: la anorexia nerviosa y la bulimia.

ANOREXIA NERVIOSA

Es un trastorno alimenticio que se da generalmente en las mujeres e implica un miedo delirante a la obesidad. Este miedo es tan grande que la persona anoréxica altera la percepción de su apariencia corporal, viéndose gorda cuando no lo está.

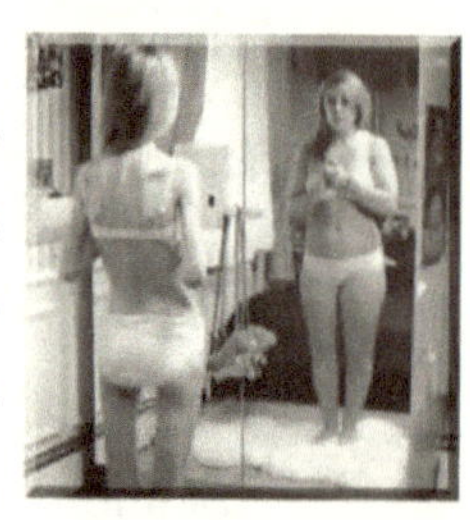

BULIMIA

Es un trastorno alimenticio que implica que la adolescente ingiere grandes cantidades de comida con muchas calorías y, luego, se purga ' de este exceso vomitando a propósito y utilizando laxantes. Esto puede generar peligros muy serios en la salud de la adolescente como: la deshidratación, el desequilibrio hormonal, el agotamiento de minerales esenciales y el daño a órganos vitales.

EL DEPORTE Y LA ADOLESCENCIA

Cuando hablamos de los adolescentes deportistas, hablamos también de salud y de recreación. La buena alimentación, hidratación y adecuado descanso, son importantes para proporcionar al adolescente, condiciones necesarias para su

crecimiento.

La práctica de algún deporte implica actitud, sentido de responsabilidad con uno mismo, con sus compañeros y con el medio en el cual se desenvuelve.

PROBLEMÁTICA DEL SEDENTARISMO

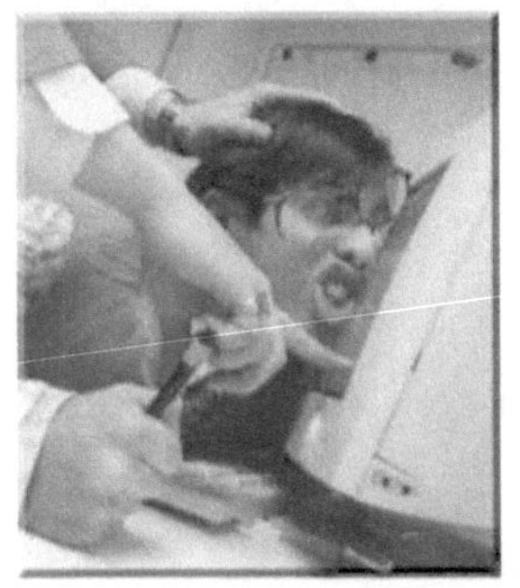

El problema del sedentarismo en los adolescentes es crónico, ya que pueden pasar horas y horas viendo televisión, navegando en Internet y jugando video juegos. Por esta razón, es responsabilidad de los padres y educadores inculcar en los

adolescentes la idea de que el ejercicio físico, practicado regularmente como una actividad de ocio y tiempo libre, es un hábito necesario, saludable y divertido.

CONSUMO DE DROGAS

Está demostrado que los niños, niñas y adolescentes que practican algún deporte presentan índices menores de consumo de drogas en relación a los sedentarios.

EL DEPORTE Y LA SALUD

La práctica de una actividad física regular, estable y moderada ayuda a mejorar tanto la salud física como la psicológica, incrementando así la calidad de vida. La práctica de ejercicio físico regular contribuye a instaurar estilos de vida más saludables y a reducir o eliminar factores de riesgo asociados al sedentarismo.

En la pubertad, el cuerpo comienza a cambiar al ritmo de los estímulos hormonales. Estos cambios se dan a todo nivel y son particularmente observables en sus movimientos corporales en relación con el espacio.

La práctica de algún deporte en la adolescencia debe tener dos objetivos: la salud física y la recreación del adolescente.

Cuando se asiste al entrenamiento deportivo de un niño en su pasaje a la adolescencia, es importante prestar atención a su desarrollo psicomotriz. Los deportes ayudan a este aprendizaje neuromotor, por lo tanto, aquellos adolescentes que vienen practicando algunas disciplinas deportivas desde pequeños están en mejores condiciones de asimilarlo.

Lo ideal es que un individuo experimente diferentes deportes a fin de tener la mayor cantidad de experiencias motrices. Las horas que se dedican a la actividad física en los sistemas educativos deberían brindarle una formación física básica que le ayude a organizar su esquema corporal. Esto le ahorrará tiempo y esfuerzo al encarar una disciplina deportiva determinada.

Muchos se preguntan: ¿Cuál es el mejor deporte para que el adolescente se desarrolle sano? En realidad, ninguna disciplina es desaconsejable, si bien siempre se busca que el niño, niña o adolescente sociabilice con sus pares, no podemos obligarlos a elegir una determinada disciplina deportiva, tienen que ser conscientes que durante la niñez y la adolescencia, comienzan a gestarse las enfermedades del corazón (producto del sedentarismo), obesidad, elevado colesterol y la diabetes que se manifiesta generalmente en la edad adulta.

TIEMPO DE ACTIVIDAD FÍSICA

Los niños y adolescentes deberían acumular por lo menos 30 minutos de actividad física aeróbica de intensidad moderada todos los días. Esta actividad física se refiere a: caminar, trotar, correr, nadar, montar en bicicleta, practicar fútbol, etc., realizado con una intensidad que haga trabajar al corazón en un rango de pulsaciones promedio.

DEPORTE Y COMPETENCIA

Actualmente vivimos en una sociedad donde los adolescentes tienden con facilidad a adquirir hábitos insanos (fumar, beber alcohol, drogas, comer comida chatarra, etc.) que añadidos al sedentarismo precoz, estropean la salud de nuestra juventud.

La principal causa para que los adolescentes practiquen algún deporte, no es por el placer intrínseco que conlleva, ni por el hecho de ser beneficioso para su salud; el joven de hoy que realiza ejercicio físico, lo hace basándose en la competitividad y en la  mayoría de los casos con el objetivo de ser una figura en ese deporte y ganar mucho dinero. Este aspecto se ve fomentado, frecuentemente, por diversos factores: medios de comunicación, publicidad, opinión de sus padres y una pobre educación deportiva en valores. Los jóvenes que no se destacan en la competición o que no tienen grandes cualidades para el deporte, abandonan la actividad física en los últimos años de estudio, cuando ya no tienen clases obligatorias de Educación Física, coincidiendo ese momento con un aumento de hábitos insanos en el joven.

BENEFICIOS DEL DEPORTE

La realización regular y sistemática de una actividad física, ha demostrado ser una práctica beneficiosa en los siguientes aspectos:

- Como factor importante en la prevención y rehabilitación de la salud (previene enfermedades cardiovasculares, mejora la resistencia física, regula la digestión, etc.).

- Como medio para forjar el carácter.

- Como medio para adquirir disciplina.

- Como medio para la buena toma de decisiones.

- Como medio para aprender el cumplimiento de las reglas de una actividad deportiva, que posteriormente se las aplica en la vida cotidiana.

- Mejora nuestras relaciones sociales.

- Genera privilegios laborales.

- Como medio para ser reconocido en lo deportivo y social (si uno se destaca).

- Ayuda a liberar las tensiones y manejar de mejor manera el estrés.

- Promueve y facilita el trabajo en equipo.

- Mejora el rendimiento laboral y académico.

- Mejora la imagen personal, permite compartir una actividad con la familia y los amigos.

- Ayuda a combatir los síntomas de la ansiedad y la depresión, aumentando el entusiasmo y el optimismo.

- Ayuda a conciliar y mejorar la calidad de sueño.

PARA QUE ENTIENDAS MEJOR...

El dueño de una fábrica exhibía en el interior de su casa un arbolito bonsái.

Un día advirtió que su arbolito bonsái estaba seriamente alicaído y enfermo, entonces, en vez de tirarlo, decidió sembrarlo a la intemperie en el patio de su casa.

La sorpresa fue grande, cuando al poco tiempo el arbolito estaba robusto y grande, empezó a florecer y a punto de dar su primer racimo.

Con todo esto se preguntó ¿Cuántos bonsái trabajarán para mí?

La moraleja de esta historia es, que los adolescentes, como los trabajadores y las plantas, necesitan determinadas condiciones para desarrollarse. En el caso de los adolescentes, la alimentación y el deporte son muy importantes para su desarrollo integral.

Capítulo IV
DESARROLLO SOCIAL EN LA ADOLESCENCIA

El hombre desde que nace hasta que muere vive en sociedad, porque es un ser social, que no puede vivir separado ni aislado de los demás; es decir, para desarrollarse como persona, necesita la aprobación o reprobación de sus actos por los demás. El medio  social influye de manera positiva como negativa en el adolescente.

INFLUENCIA DEL HOGAR

La personalidad del infante es egocéntrica por el excesivo cuidado y cariño que recibe, es decir, piensa que todo gira a su alrededor. 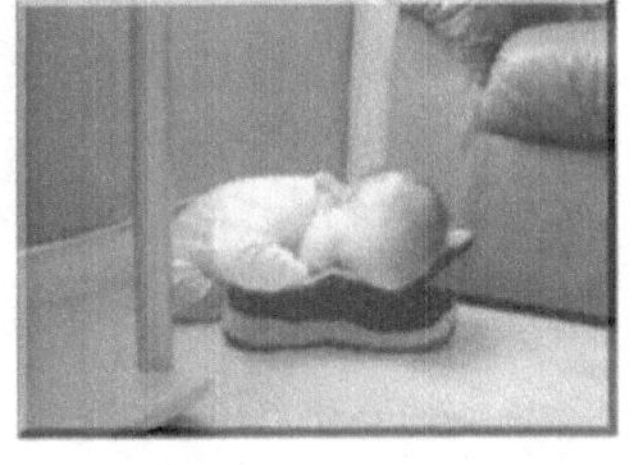

El infante vive en un mundo de fantasía, que es importante para su posterior desarrollo.

El hijo necesita de ambos progenitores, es decir, de un progenitor de su mismo sexo con quien se identifique y sea su modelo para imitar en su camino hacia la adultez y de un progenitor de sexo opuesto, que se convierta en un objeto de amor capital, cuyo amor y aprobación se busca mediante la identificación con el progenitor del mismo sexo. Sin embargo, un progenitor puede dejar de desempeñar efectivamente el rol que le corresponde frente al hijo, si su cónyuge lo denigra y, más aún, si lo menosprecia o trata como enemigo.

De hecho, el hijo se identifica, en menor o mayor grado con cada progenitor; es por eso, que si hay, incompatibilidad entre los padres, el hijo tendrá modelos y directrices sociales que interferirán de **manera negativa** en su formación integral. En concreto, los que más influyen en el infante son sus padres.

INFLUENCIA DE LA ESCUELA

En la escuela se da el primer proceso de socialización, porque el niño conoce a otros compañeros como él, conoce a su profesor y a toda la comunidad educativa. El que más influye en el niño es el profesor.

En la escuela, muy raras veces fuera de ella, de los 6 a los 8 años, varones y mujeres juegan de manera conjunta; pero de los 8 a los 10 años, juegan de manera separada porque los niños prefieren juegos más rudos donde impere la fuerza y las niñas prefieren juegos más delicados donde impere la sutileza.

ADOLESCENCIA

En la pubertad existe un cierto distanciamiento entre varones y mujeres, debido a los cambios físicos y psicológicos que se producen en el púber; pero aproximadamente a los 13 y 14 años, como las mujeres maduran antes que los varones, llevan la iniciativa para relacionarse socialmente con los varones y posteriormente los varones hacen lo mismo.

La personalidad del adolescente se la puede comparar con la actitud del "Pavo real", el cual extiende sus alas para impresionar, ya que todo adolescente siempre trata de impresionar, no solo a las personas mayores, sino también a sus compañeros; pero fundamentalmente, a las personas del otro sexo.

En esta etapa, el adolescente empieza a distanciarse de la familia a la que, en etapas anteriores, estaba íntimamente ligada, para refugiarse en el grupo de amigos, único lugar donde se siente seguro y plenamente a gusto. El grupo se convierte, así, en el medio donde el adolescente manifiesta y comparte sus temores, preocupaciones, aspiraciones, valores, estados de ánimo, pensamientos y modelos de vida.

El adolescente aprende del mundo que le rodea y trata de saber qué lugar ocupa en él. Este aprendizaje implica el intentar nuevas experiencias excitantes, aunque muchas de éstas resulten peligrosas. Por suerte, la mayoría de los adolescentes encuentran estas sensaciones en la música, en el deporte u otras actividades que precisan gran energía y que conllevan simplemente un riesgo mínimo.

En esta etapa, el uso de aros en diferentes partes del cuerpo, el pintarse el cabello, el usar tatuajes y el vestirse diferente constituyen una manifestación de búsqueda de opciones de vida, mostrar que son distintos e independientes y sobre todo, diferenciarse de los demás. Esto les ayuda posteriormente a **consolidar y definir su personalidad,** por lo que los profesores y padres no deben criticarlos demasiado por esto.

CRISIS DE IDENTIDAD

La adolescencia, al ser un periodo de transición, genera en el adolescente un sentimiento de duda, de no saber con exactitud si es un niño o un adulto. A raíz de esto, surge en el adolescente una **crisis de identidad;** pero eso sí, no significa que todos los chicos manifiesten una ruptura total con sus comportamientos anteriores y que se 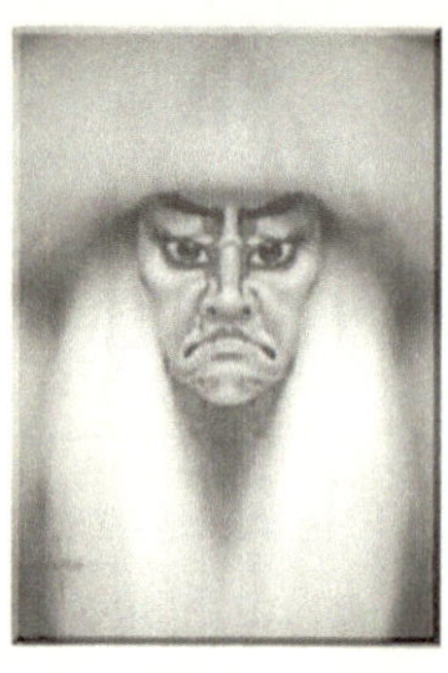 derrumben angustiados por la búsqueda de su identidad. Por fortuna, para muchos adolescentes, esa búsqueda se convierte en una reafirmación de sí mismos y adquieren la madurez adulta sin excesivos sobresaltos.

EL ADOLESCENTE Y SU RENDIMIENTO ESCOLAR

 Muchas veces los profesores, pero fundamentalmente los padres de familia, presionan excesivamente a sus hijos para que sean muy buenos estudiantes, dejando de lado sus verdaderas capacidades, intereses y necesidades sociales; por lo cual, para estos, el ir al colegio representa una experiencia traumatizante, solitaria y miserable que finalmente puede dar lugar a la depresión, ansiedad, falta de confianza de sí mismo y dificultad para hacer amigos. Pero mucho

más, si se compara el rendimiento escolar de un hijo en relación a uno de sus hermanos o una tercera persona.

Los problemas emocionales con frecuencia afectan el rendimiento escolar. Es difícil concentrarse adecuadamente cuando uno está preocupado sobre sí mismo o sobre lo que ocurre en casa.

Es frecuente observar que cuando el muchacho se integra a un grupo escolar con un alto nivel de exigencia, el rendimiento escolar mejora; pero si por el contrario, el grupo no valora o se desprecia, la obtención de calificaciones elevadas, el rendimiento disminuye.

EL TRABAJO Y SU INFLUENCIA EN LA CONDUCTA DEL ADOLESCENTE

Los adolescentes que trabajan tienen un enfoque diferente de las cosas y de la vida; maduran más rápido en relación a los que no trabajan.

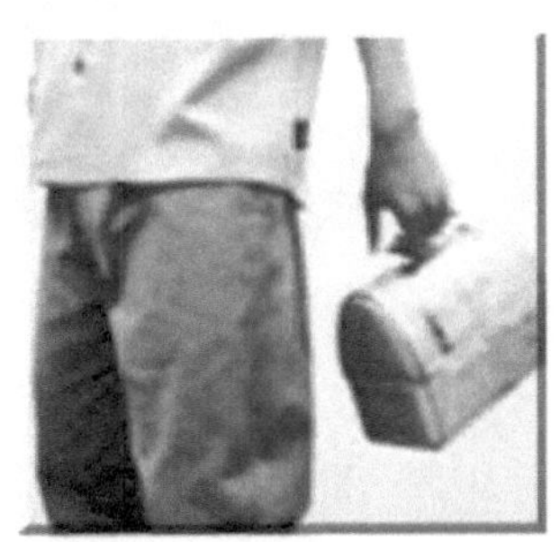

Los adolescentes que estudian y trabajan al mismo tiempo, no tienen problemas escolares, siendo su rendimiento óptimo, salvo que su trabajo les absorba mucho tiempo.

Cuando el adolescente ve lo difícil que es ganar dinero trabajando, valora el esfuerzo de los padres, la escuela y encuentra la motivación suficiente para destacarse en sus estudios o, por lo menos, para no tener problemas escolares. Si el adolescente tuviera que elegir entre el trabajo y los estudios, tendría que escoger los estudios porque es más fácil que consiga sus objetivos estudiando que dejando de estudiar.

Para un soltero es más importante estudiar que trabajar; pero, para un casado es más importante trabajar que estudiar.

Lo ideal sería que los hijos siempre reciban apoyo de los padres y no tengan la necesidad de trabajar para costearse sus

estudios. Por otra parte, los adolescentes deben valorar el esfuerzo realizado por sus padres para hacerlos estudiar y responder de manera satisfactoria a sus estudios.

RECOMENDACIONES PARA LOS PADRES

Los padres pueden ayudar a sus hijos con bajo rendimiento escolar utilizando las siguientes estrategias:

- Motivarlos previa consulta con sus profesores, exigirles en forma comprensiva, explicándoles porqué es importante estudiar.

- Facilitar el estudio en casa dándoles un espacio físico (habitación) para que puedan hacer sus tareas y estudiar.

- Coordinar con profesores y orientadores escolares las posibles dificultades de aprendizaje de los hijos.

- Orientar a los hijos para el buen uso del tiempo libre.

- Limitar el tiempo y los programas que su hijo ve en televisión.

- Crear el hábito de la lectura en los hijos, comprándoles libros escogidos.

- Animar a los hijos para que éstos puedan combinar sus estudios con lo que más les gusta hacer.

El estudiar es importante, pero no debe dominar nuestras vidas; es preferible tener un hijo sano y feliz, que un hijo con problemas y triste. La formación del ser humano debe ser integral; por lo tanto, debe estar constituida por una formación académica, una formación vivencial, una formación espiritual y una formación de la conciencia social.

RELACIONES CON LA FAMILIA Y SUS NORMAS

Aunque los adolescentes crezcan rápidamente, siguen solventados económicamente por sus padres y es razonable que sean ellos quienes decidan cuáles son las reglas de juego o normas que regirán en la familia, aunque algunas de estas pueden ser

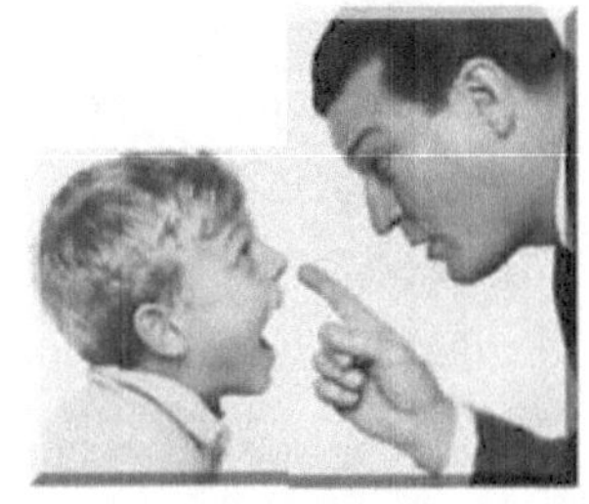

negociadas entre padres e hijos. A pesar de que los adolescentes pueden protestar estas normas, si tienen carácter sensible, pueden ser la base para reducir las discusiones, creando un ambiente de armonía y seguridad en la familia.

Las normas deben ser claras de manera que todo el mundo sepa cuál es la situación en la que se encuentra; así mismo, deben ser aplicadas en forma justa y consistente. Las reglas deben ser razonables y menos restrictivas, según el adolescente vaya desarrollando su madurez y su responsabilidad.

Los padres deben tener la capacidad de distinguir qué es importante y qué no lo es, ya que no puede existir reglas para todo.

A medida que los adolescentes se hacen más altos, comienzan a afeitarse o tienen reglas menstruales, comienzan a pensar y sentir de forma diferente. Es la época en que comienzan a establecer relaciones íntimas fuera del entorno familiar con amigos de su misma edad.

Las relaciones con la familia también cambian, los padres se hacen menos imprescindibles cuando los adolescentes desarrollan su vida fuera de la familia.

Los desacuerdos suelen surgir cuando los adolescentes comienzan a desarrollar sus propios puntos de vista que con frecuencia no son compartidos por sus padres. Esto puede irritar a los padres, pero, es una forma importante de lograr un sentido de identidad propia e independiente de su familia.

Aunque las discusiones y los enfrentamientos son frecuentes, los adolescentes suelen tener un alto concepto de sus padres. Estas actitudes rebeldes de los adolescentes, claman por el reconocimiento de su individualidad. No quieren que sus padres los sigan considerando como objetos de su propiedad, a pesar de que siguen estando bajo la responsabilidad de ellos. Todo esto, no tienen nada que ver con la personalidad de los padres, sino más bien, por el hecho de buscar su independencia. Intenta descubrir lo que en realidad e, lo que cree y los principios que defiende.

Los adolescentes desean tener todos los privilegios de los adultos, pero no sus responsabilidades.

Por todas estas razones, para educar a un adolescente es necesario crear un clima de gran confianza y de libertad aún a riesgo de que alguna vez se viole esa confianza, porque de lo contrario la familia se convertirá en un medio hostil, negativo y de mucha presión, que puede hacer que el joven adolescente tome decisiones equivocadas (consumo de drogas, delincuencia juvenil, etc.).

ADOLESCENCIA Y SOCIEDAD

En todas las culturas, desde las más primitivas hasta las más avanzadas, la adolescencia supone el paso previo de inserción a la sociedad. Los jóvenes deben romper con los vínculos infantiles,  independizarse de sus progenitores y empezar a desenvolverse por sí solos. Ahora bien, en lo que si hay diferencias, es en el papel que la sociedad concede al sujeto, en la forma en que se realiza este tránsito y en la duración de la etapa. Existen ritos llamados de iniciación, que introducen al joven en el mundo de los adultos. Estos tienen mucho que ver con las leyes civiles que establecen la edad a la que se puede votar, obtener la licencia de conducir, consumir bebidas alcohólicas en lugares públicos, acceder a determinados locales de diversión o  contraer matrimonio sin el permiso de los padres. Por otro lado, el servicio militar marca para los varones su paso a la edad adulta; pero, todavía no son considerados como adultos plenos.

La plena aceptación suele llegar cuando acaban sus estudios superiores o se hacen independientes por su incorporación al mundo laboral.

AUTOESTIMA

Es importante que los padres, familiares, profesores,

compañeros de curso, amigos y el medio social en pleno, feliciten a un adolescente por sus logros (académico, deportivo, laboral, artístico, social, familiar, cultural o de cualquier índole) ya que esto **eleva su autoestima,** se quiere a sí mismo, tiene más ganas de vivir, supera fácilmente obstáculos, es sociable, capaz de dar y recibir amor, busca siempre nuevas metas y en concreto, es una buena persona porque es feliz. Pero si lo regañan en público, si lo ridiculizan, si lo comparan con otros, si lo golpean, si lo amenazan, si hay discusiones delante de él, si lo insultan, si lo discriminan a razón de su sexo, si está enfermo, si le faltan dientes, etc., su autoestima bajará.

DIEZ CONSEJOS PARA EDUCAR A UN ADOLESCENTE

1. Demuéstrale que lo quieres mucho, con caricias, abrazos, mimos y consuelo cuando llore o esté triste.

2. Crea un buen ambiente familiar, evitando discusiones delante de los hijos, porque eso le dará seguridad y confianza.

3. Predica con el ejemplo, porque nos observan constantemente y toman nota de nuestros actos y pide disculpas si cometiste un error.

4. Comparte con ellos el máximo tiempo, hablando, jugando, enseñándoles cosas nuevas, contándoles cuentos y contestando sus preguntas.

5. Acepta a tu hijo tal como es, con sus cualidades, defectos e intereses, y no te crees falsas expectativas en cuanto a su futuro, porque de lo contrario tu hijo sentirá que es rechazado.

6. Prohíbele menos y elógiale más, porque para el adolescente es más gratificante y estimulante que sus padres valoren sus progresos y que además se sientan orgullosos de él/ella.

7. Confía en ellos y dales libertad con límites, porque de lo contrario se sentirán muy presionados y lo más probable es que te mientan, te engañen o busquen salir del medio familiar a cualquier costa.

8. Ponte firme cuando tu hijo haya roto una norma familiar e implementa rápido el castigo previa explicación, poniéndote de acuerdo con tu pareja.

9. Nunca compares a uno de tus hijos con sus hermanos o terceras personas, ya que debes respetar su individualidad, porque se sentirá rechazado.

10. Ten sentido del humor y paciencia con tus hijos, porque si pierdes los estribos dirigiéndote a ellos con palabras hirientes, les harás un daño permanente.

PARA QUE ENTIENDAS MEJOR...

Había una vez un matrimonio con un hijo de doce años y un burro. Decidieron ir a otra provincia a probar suerte. Subieron a su hijo al burro y se fueron. Al pasar por el primer pueblo, la gente comentaba: "¡Mira ese chico, que desconsiderado!, él arriba del burro y los pobres padres llevándolo de las riendas". Al oír esto el esposo lo bajo y se subió él.

Al llegar al segundo pueblo, la gente murmuraba: "¡Mira que sinvergüenza ese tipo, deja que la mujer y la pobre criatura tiren del burro, mientras él va muy cómodo encima". Entonces, tomaron la decisión de subirla a ella al burro, mientras el padre y el hijo tiraban de las riendas.

En el tercer pueblo, la gente comentaba: "¡Pobre hombre después de trabajar todo el día, debe llevar a la mujer sobre el burro! ¡Y al pobre hijo! ¡Qué le espera con esa madre!". Se pusieron entonces, de acuerdo y decidieron subirse los tres al burro.

Pero, al cruzar por el pueblo siguiente, escucharon que los pobladores decían: "¡Son unas bestias, más bestias que el burro que los lleva, van a partirle el espinazo!". Por último, decidieron bajarse los tres y caminar junto al burro. No obstante, en el pueblo siguiente, no podían creer lo que las voces decían con burla: "¡Mira esos tres idiotas, caminan cuando tienen un burro que podría llevarlos!".

La moraleja de esta historia es, que debemos vivir una existencia original y auténtica, no estar en función del qué dirán los demás. Es difícil que no te critiquen; por lo mismo, vive como creas, haz lo que piensas que es correcto y lo que te dice tu conciencia y tu corazón.

Capítulo V
DESARROLLO DE HÁBITOS Y VALORES EN EL ADOLESCENTE

En la sociedad boliviana existe una marcada crisis de valores en los adolescentes porque cada vez se acentúa más el individualismo, la apariencia más que la realidad, lo transitorio más que lo permanente, la exterioridad (superficialidad) más que la interioridad (lo realmente importante), el tener y el saber más que el ser.

Esta crisis de valores provoca que vivamos en un ambiente de egoísmo, maldad, agresividad, peleas, envidia, vanidad, codicia, holgazanería, copia de trabajos, trampas en los exámenes, etc., generando una verdadera confusión y malos hábitos en los adolescentes que no saben con exactitud qué es lo correcto y qué es lo incorrecto o si lo saben, les cuesta elegir entre lo bueno y lo malo; por consiguiente, es tarea de padres y profesores orientarlos hacia la práctica de valores y buenos hábitos, que lo inclinen hacia el bien y no hacia el mal.

FORMACIÓN INTEGRAL

Al ser el hombre una totalidad de facultades intelectuales, afectivas, motrices y espirituales, necesita de una formación integral; es decir que, su formación no sólo debe limitarse a lo académico (conocimientos) sino también debe abarcar a lo físico (cuidado de la salud y del cuerpo), a lo vivencial (experiencias laborales, tipo de familia, medio social en el que se desenvuelve, actividades artísticas, viajes, competiciones deportivas, situación económica, valores y hábitos, etc.) y lo espiritual (agradecer a Dios por todo lo que tenemos y somos, por respirar un día más, por tener una familia, por tener buena salud, etc.).

Por lo tanto, los educadores deben inculcar también una formación en valores y buenos hábitos, auto motivando a sus estudiantes, enseñándoles a auto valorarse y valorar a los demás, a practicar valores de moral, belleza, justicia, dignidad, solidaridad, etc. Todo esto, partiendo del ejemplo de vida que dan.

VALORES

Son impresiones subjetivas de agrado o desagrado que las cosas nos producen y que nosotros proyectamos sobre las cosas. Los valores son adquiridos y descubiertos por las personas.

Los valores se desdoblan, a su vez, en valores positivos y

valores negativos (desvalores).

HÁBITOS

Los hábitos son cosas que hacemos repetidamente, pero la mayor parte del tiempo, no estamos conscientes de que los tenemos. El ser humano es más fuerte que sus hábitos, por lo tanto, puede cambiarlos, si lo ve por conveniente.

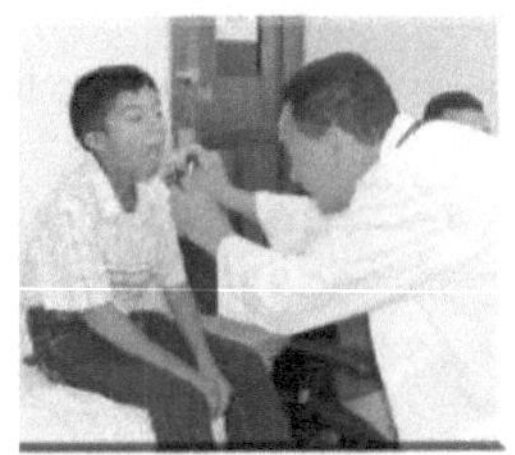

CLASIFICACIÓN DE LOS HÁBITOS

Los hábitos se clasifican en: buenos (hacer ejercicios, planificar anticipadamente, demostrar respeto, etc.), malos (pensar negativamente, sentirse inferior, buscar culpables, etc.) y no muy importantes (bañarse por las noches, leer solo revistas deportivas, comer yogurt por las noches, etc.).

HÁBITOS DE ADOLESCENTES
SUPERIORES SER PROACTIVO

Es importante que el adolescente sea proactivo para que se haga responsable de las decisiones que toma y de las consecuencias de sus actos, sin echar la culpa a nadie por sus fracasos; sino por el contrario, asumir la responsabilidad de su felicidad o infelicidad. El proactivo es el conductor de su vida, no el pasajero.

A este hábito deben estar adheridos los valores de: la responsabilidad, la honestidad, la tolerancia, la verdad, la vida, el respeto y la libertad, entre los más destacados.

TENER UNA MISIÓN EN LA VIDA

Es importante que el adolescente tenga una misión en la vida, un proyecto y un objetivo claro que le darán el desafío, el sentido y la dirección a su vida. Es importante que sepa claramente qué es lo quiere ser en el futuro.

Una vez que la misión esté definida, el adolescente deberá fijar sus metas (del día, de la semana, del mes, del trimestre, del semestre, del año, del quinquenio, etc.). Las metas son más específicas que el enunciado de misión y es más útil dividir tu misión en trozos pequeños que serían las metas.

Para conseguir tus metas, necesariamente deberás pagar un costo, que implica más lucha, más trabajo, más sacrificio, más disciplina, más poder de decisión, menos tiempo con los amigos y la familia, menos tiempo para salir a pasear, etc.; y si no estás dispuesto a pagar el costo, no lo hagas; pero, si por el contrario estás seguro de hacerlo, di LO HARE, y esa será una buena decisión porque te traerá muchos beneficios.

A este hábito deben estar adheridos los valores de: la disciplina, la voluntad, la perseverancia, la autoestima, el espíritu colectivo, la honestidad y la verdad, entre los más importantes.

HACER HISTORIA

Todo adolescente debe estar en función de ideales como el

hacer historia; mientras esté en el mundo terrenal, debe dejar huellas para que lo recuerden y que su muerte no resulte intrascendente para los demás. Debe buscar siempre ser original e innovador y hacer algo por su comunidad, por su sociedad, por su país e incluso por el mundo. La muerte no pone fin a nuestra existencia, sino nuestras propias acciones, porque hay hombres que están muertos y siguen respirando, siguen caminando, su corazón sigue latiendo y su cerebro sigue funcionando; pero, como no tienen esa capacidad de amar y crear para dejar huellas profundas en las personas, es como si estuvieran muertas.

La existencia del ser humano trasciende más allá de la muerte cuando se deja productos culturales, ejemplo de vida o lucha social a las generaciones venideras.

A este hábito deben estar adheridos los valores de: la vida, la paz, el bien común, la comunidad, la verdad, la belleza, la libertad, la responsabilidad, el deber, la honestidad y el amor, entre los más importantes.

DIFERENCIAR ENTRE LO ESENCIAL Y LO SECUNDARIO

Para que un adolescente pueda conseguir sus metas y objetivos debe administrar bien su tiempo (preferible madrugar) y distinguir perfectamente qué es lo importante y qué es lo secundario.

Este hábito también implica sobreponerse a los temores y ser fuerte durante los momentos difíciles.

Las cosas importantes como fijar tus metas, tareas, ejercicios, descanso, relaciones sociales, exámenes, etc., siempre hay que hacerlas y planificarlas con previa anticipación y no a último momento. Para esto, muchas veces se necesita fortaleza de carácter y disciplina para decir no, a algunas invitaciones de amigos, fiestas, salir de paseo, ir al cine, ver televisión, etc.

Posiblemente tengas problemas con algunos de tus amigos por actuar de esta manera, pero, tendrás la satisfacción interna de haber hecho lo correcto.

A este hábito deben estar adheridos los valores de: la valentía, la disciplina, la autoestima, la responsabilidad, el deber, la honestidad, la tolerancia y la verdad, entre los más importantes.

GANAR SIEMPRE TIENE QUE SER LA PREMISA

Los adolescentes siempre tienen que tener la premisa de ganar, pero, no a cualquier precio, sino con lealtad, honestidad, ética, y sobre todo, siendo ejemplos de lucha. Por esta razón, el adolescente superior no tiene porqué competir con nadie, salvo consigo mismo y se alegrará de las victorias ajenas, porque parte del criterio de que "Todos pueden ganar en la vida". Esta forma de pensar mejora las relaciones sociales con los demás y hace que uno sea reconocido socialmente.

A este hábito deben estar adheridos los valores de: la vida, la tolerancia, la disciplina, el respeto, la solidaridad, la perseverancia, la familia y el bien común, entre los más importantes.

LA NECESIDAD DE LA ORACIÓN

Es importante para el adolescente, que la oración forme parte de su vida, ya que sin la

[52]

comunicación constante con Dios, las empresas que uno pueda emprender se hacen muy difíciles de sobrellevar.

La oración nos da el coraje necesario para abrir nuestros corazones y dejamos guiar. Uno siempre debe estar agradecido con Dios por todo lo que tiene y por lo que no tiene, agradecerle implica orar.

A este hábito se encuentran adheridos los valores de: la libertad, la paz, la justicia, la honestidad, la alegría, la comunicación, la verdad, el deber, la vida y la solidaridad, entre los más importantes.

BUSCAR PRIMERO ENTENDER, LUEGO SER ENTENDIDO

Los adolescentes para comunicarse y poder influir sobre los demás, deben saber escuchar primero y luego hablar; deben entender primero para luego ser entendidos.

Cuando converses escucha detenidamente, abre tu corazón, no finjas escuchar, ni juzgues, porque así comprenderás a la persona y como contrapartida, la persona a la que escuchas te valorará y te comprenderá en su momento. En el caso de los padres la comunicación es difícil desde ya, porque siempre nos quejamos y les decimos: "No me entiendes, nadie me entiende", ¿Pero alguna vez pensaste que, tal vez, tú seas el que no los entiende?.

Ellos también tienen días difíciles, muchas veces viven presionados por sus jefes, por las cuentas que hay que pagar, por el rendimiento escolar de los hijos, por pagar al dentista (de sus hijos) y muchas otras cosas más. Los padres son también personas que lloran, ríen, se sienten ofendidos y no siempre saben cómo actuar, como tú o como yo.

A este hábito deben estar adheridos los valores de: la tolerancia, la alegría, la comunicación, la amistad, la autoestima, la comunidad, la solidaridad y la libertad, entre los más importantes.

DEBE APRECIAR SU LIBERTAD DE ACCIÓN

El adolescente debe entender su libertad, no como un hacer las cosas a su antojo, sino como un deber que tiene de desarrollarse constantemente, un crecer como persona, porque si no pasa esto, no es verdaderamente libre; ya que el ser libre implica crecer, desarrollarse y vivir con responsabilidad. No se debe confundir libertad con libertinaje que es todo lo contrario.

A este hábito deben estar adheridos los valores de: la vida, la responsabilidad, la honestidad, la libertad, la verdad, la familia, el bien común, la alegría, la belleza y la honradez, entre los más importantes.

TRABAJO EN EQUIPO

El adolescente debe adquirir el hábito de trabajar en equipo, porque dos o más personas dan mejores resultados y soluciones que una sola.

El trabajo en equipo hace que no exista un excesivo desgaste físico ni mental, siendo el trabajo más eficiente y eficaz.

A este hábito deben estar adheridos los valores de: la tolerancia, la solidaridad, la democracia, el deber, la responsabilidad, la paz, la autoestima, el diálogo, la comunicación y la justicia, entre los más importantes.

RENOVACIÓN CONSTANTE

El adolescente debe comprender que hay tiempo para todo, para trabajar, estudiar, jugar, reír, hacer deporte, compartir con la familia, etc.; por lo cual, siempre debe darse tiempo para renovarse, para fortalecer su cuerpo, su corazón, ' su cerebro y su espíritu, porque solo así volverá J con **más ímpetu** a las actividades que realiza con frecuencia.

Debe cuidar su **cuerpo** realizando ejercicios, descansando, comiendo saludablemente y evitando el consumo de drogas, alcohol y cigarrillos.

Debe cuidar su **corazón,** haciendo ejercicios, haciendo las cosas con previa anticipación, realizando actos generosos, pero sobre todo, RIENDO.

Debe cuidar su **cerebro** a través de buenas lecturas e invertir en su educación, porque es más fácil conseguir los objetivos si se ha estudiado. No importando si para esto tiene que trabajar duro, ya que al final nada es fácil.

Debe cuidar su **espíritu,** acercándose un poquito más a Dios, que es la fuente de cualquier tipo de paz espiritual.

A este hábito deben estar adheridos los **valores** de: la vida, la paz, el cuerpo, la verdad, el deber, la familia, la autoestima y la libertad, entre los más importantes.

HÁBITOS DE ADOLESCENTES MEDIOCRES

Los adolescentes mediocres tienen los siguientes hábitos:

• No tienen personalidad ni carácter, porque no piensan, no crean

nada, no inventan nada y solo imitan a otros (no son originales).

• No hacen historia porque no dejan huellas, solo nacen, crecen,

se reproducen y mueren como verdaderos animales.

• Viven sin pasado, sin presente y sin futuro.

• Viven sin valores, sin ideales y sin estrellas polares. Todos los días son iguales, son hombres rutinarios. Solo les preocupa el dinero.

• Son mansos, hipócritas, rencorosos, fríos, calculadores, perversos, vulgares, desleales, ingratos, miserables, aduladores, envidiosos, su corazón y su cerebro están petrificados.

• Cambian la tabla de valores; para ellos pensar es un desvarío, la dignidad es irreverencia, la justicia no existe, la sinceridad es una tontería, la admiración es imprudencia, la pasión es ingenuidad y la virtud es una estupidez.

• Buscan ser entendidos antes que entender.

• Son negligentes porque no saben escuchar; pero, eso sí, les gusta ser escuchados.

• Son reactivos porque culpan a los demás de sus fracasos.

• Son superficiales y no profundos en su forma de ver las

cosas. Son individualistas, no les gusta trabajar en equipo.

• No tienen una misión en la vida, metas, ni objetivos; no saben con exactitud qué es lo que quieren.

• No saben diferenciar entre lo prioritario y lo secundario, entre lo que es importante y lo que no lo es.

• No se aceptan a sí mismos, a sus familias, a sus amigos, ni el lugar donde viven; pero, tampoco hacen nada para cambiarlo y mejorarlo.

• Necesitan la aprobación de sus actos, por parte de sus padres, amigos, profesores, novia(o), vecinos y de todas las personas que le rodean.

• Se culpan y se preocupan de todo, por lo importante y por lo que no lo es.

• Siempre utilizan la frase: "No es justo", cuando deberían utilizar la frase: "No me daré por vencido".

• No son capaces de pensar, actuar y tomar decisiones por si solos. Siempre tienen que consultar hasta los asuntos más simples.

• No eliminaron la ira de su carácter, ya que no eliminan la frase "Si sólo fueras más parecido a mí".

• Tienen como premisa fundamental participar y ganar experiencia. Ganar es simplemente una posibilidad.

• Nunca se renuevan en lo físico, anímico, espiritual, deportivo, social, artístico, familiar, económico y cultural.

• Viven pendientes del qué dirán los demás, viven en un mundo de apariencia (llevan en las manos libros gruesos, para que digan que son estudiosos).

• Pasan la mayor parte del tiempo delante del televisor, conversando por teléfono y de compras en los locales comerciales (son flojos y caprichosos).

• Hacen las cosas a último momento.

• No tienen una existencia original ni auténtica porque no son creativos ni emprendedores.

• Tienen percepciones negativas de sí mismos y de los demás, que no los dejan crecer ni desarrollarse.

• Fingen luchar en la vida para mostrarse útiles e importantes, presumiendo lo que no son y lo que verdaderamente no hacen.

RECETAS PARA LA FELICIDAD

Dedica tu tiempo:

• A leer, que es el secreto de la sabiduría.

• A pensar, que es la fuente del poder.

• A orar, que es la mayor fuerza de la tierra.

• A reír, que es la música del alma.

• A jugar, que es la fuerza de la juventud.

• A dar, que es más estimulante que el recibir.

• A trabajar, que es el precio del éxito.

• A ser amable, que es el camino a la felicidad.

- A amar y ser amado, que es la mayor gracia de Dios.

- A amar al hermano, que es la llave del cielo.

CARTA ESCRITA POR LA MADRE TERESA DE CALCUTA

Léelo, pero sobre todo hazlo parte de ti.

- Las personas son a veces irracionales y egoístas; perdónalas de todas maneras.

- Si eres amable, la gente puede acusarte de manipulador o hipócrita; sé amable de todas maneras.

- Si eres exitoso, ganarás amigos falsos y algunos enemigos verdaderos; sé exitoso de todas maneras.

- Si eres honesto y transparente, la gente puede engañarte; sé honesto y transparente de todas maneras.

- Lo que has construido en años, alguien puede destruirlo de la noche a la mañana; construye de todas maneras.

- Si hallas la serenidad y la felicidad, otros se pondrán celosos; sé feliz de todas maneras.

El bien que hagas hoy, la gente puede olvidarlo mañana; haz el bien de todas maneras.

Dale al mundo lo mejor de ti y verás que nunca será suficiente; dale al mundo lo mejor de ti de todas maneras.

Verás, en el análisis final, que todo es entre tú y Dios. Nunca fue entre tú y ellos, de todas maneras.

PARA QUE ENTIENDAS MEJOR...

Cierta señora tenía la costumbre de anotar en la pizarra de su cocina, todo lo que su hijo debía hacer cuando ella necesitaba salir. En tales ocasiones, el hijo que tiene doce años, debe hacer varios trabajitos domésticos cuando regresa de la escuela.

Pero un día, la madre salió de compras y se olvidó de hacer la lista de tareas para su hijo. Sin embargo, al regresar encontró que alguien había recogido la ropa seca del tendedero, que había quitado la basura de la cocina y que había barrido la vereda de la casa. ¿Y quién había sido ese alguien, quién más que su querido hijo? Cuando la mamá le preguntó por qué había hecho esos trabajitos, ya que ella no los había anotado en la pizarra, el muchachito contestó: "Sí mamá, ya sé; pero, yo quería hacerlo porque sabía que te ibas a poner contenta".

La moraleja de esta historia es, que se les debe inculcar a los hijos buenos hábitos, valores y se debe desarrollar sus virtudes.

Capítulo VI
DESARROLLO CULTURAL EN LA ADOLESCENCIA

El hombre desde que nace hasta que muere no solo vive rodeado de personas, sino también de productos culturales los cuales influyen poderosamente en él.

CULTURA

Es toda creación humana gracias a su espíritu. Lo que diferencia al hombre de los demás seres de la naturaleza es su espíritu, que lo vuelve racional y creador de productos culturales.

BOLIVIA Y SU CULTURA

Bolivia se constituye en un Estado pluricultural y multilingüe que tiene en su seno 36 pueblos originarios, como son: los aymaras, araonas, baures, bésiros,

canichanas, cavineños, cayubabas, chácobos, chimánes, ese ejjas, guaraníes, guarasu'wes, guarayus, itonamas, leeos, machajuyaíes, kallawayas, machineris, maropas, mojefios trinitarios, mojeños ignacianos, mores, mosetenes, movimas, pacawaras, puquinas, quechuas, sirionós, tacanas, tapietes, toromonas, uru-chipayas, weenhayeks, yaminawas, yukis, yuracarés y zamucos.

Los adolescentes bolivianos se deben sentir orgullosos de pertenecer a una patria que tiene tanta historia, diversidad y riqueza cultural, que se ve plasmada en la Universidad de San

Francisco Xavier que es la más antigua de América, el primer grito libertario de América que se dio en Sucre, Tiwanacu, el fuerte de Samaypata, etc., su música

(Kjarkas, Kala Marca, Música Mojefla, Piraí

Vaca, Siempre Mayas, música autóctona cochabambina, etc.), su folklore que es la segunda más rica en el mundo después de China, que se expresa en sus entradas folklóricas, sus taquiraris, sus rondas chapacas, sus macheteros, etc., y sus costumbres únicas en el mundo, como ser: La fiesta de Todos los Santos, Alasita,

costumbres de Año Nuevo, la fiesta de las Ñatitas, sus carnavales, sus Prestes, sus Corridas de toros, etc.

Bolivia es el reflejo de un pasado rico en ritos, culturas y tradiciones. Todo ello reunido en un espacio de variada geografía, donde día a día, pese a todo, se percibe una cultura viva.

Conocerla no solo significa recorrer sus parajes, sus ciudades y pueblos; conocerla realmente, significa valorar lo que hace su gente, lo que piensa y lo que siente.

EL ADOLESCENTE Y LA CULTURA

El adolescente vive rodeado de productos culturales, que facilitan o empeoran su vida, por lo cual debe adaptarse a estos productos culturales

para mejorar su vida. Entre estos tenemos el machismo, el feminismo, la equidad de género, la libertad sexual, el navegar en Internet, el chat, el manejo de celulares, las jergas que utilizan, la moda, la fotocopiadora, la televisión, etc., los cuales influyen poderosamente en él.

Los adolescentes viven con estereotipos culturales, como ser: "Su rebeldía es por naturaleza", "Son el futuro no el presente", "No piensan en el futuro solo viven para disfrutar el presente", "Son incapaces e inexpertos para realizar cosas", etc. Por esta razón, los adolescentes viven con prejuicios, complejos, pseudo pudor, pseudomoral, hipocresía, sin valores y sin buenos hábitos.

CULTURA Y SUS PERSPECTIVAS

La cultura es vista desde dos perspectivas diferentes las cuales son: La cultura como un desarrollo de las artes y la cultura como un desarrollo de los conocimientos.

LA CULTURA COMO UN DESARROLLO DE LAS ARTES

Se refiere a la influencia que ejercen sobre la personalidad y conducta de las personas elementos como: El folklore, la música, la danza, los mitos, las leyendas, el arte, la religión, etc.

Bolivia tiene un rico folklore, es por eso que, el Carnaval de Oruro ha sido declarado por la UNESCO como "Patrimonio Oral e Intangible de la Humanidad".

Su música va desde lo autóctono hasta la música criolla y Post-moderna.

Cada rincón de nuestro país tiene sus mitos, leyendas y costumbres enraizadas en lo más profundo de la nacionalidad boliviana.

Sus danzas cautivan a propios y extraños. El arte y la religión son complemento de ese riquísimo acervo cultural que tenemos los bolivianos.

LA CULTURA COMO UN DESARROLLO DE LOS CONOCIMIENTOS

Se refiere a la influencia que ejercen sobre la personalidad y conducta de las personas elementos como: Los inventos, los descubrimientos, los adelantos tecnológicos y científicos, como ser: La computadora, la fotocopiadora, los libros, la energía eléctrica, la televisión, etc.

Con la llamada Globalización en nuestro país, los bolivianos nos hemos beneficiado con un sinnúmero de productos sofisticados, de nuevas tecnologías, de lo que pasa en el mundo a través del Internet, de publicaciones, etc.

MEDIOS DE COMUNICACIÓN

Los medios de comunicación como ser la televisión, el cine, la radio, los periódicos y el INTERNET entre otros, ejercen una gran influencia en la conducta de las personas y mucho más en los adolescentes; ya que cambian conceptos, opiniones, valores y juicios de los televidentes, los espectadores, los radioescuchas, los lectores y los navegantes, los cuales generalmente se identifican con el actor principal, grupo social o determinada línea política, económica, cultural, social, deportiva, sexual y religiosa, presentado, enfocado o tratado en un medio de comunicación.

Los medios de comunicación ejercen una poderosa influencia en la sociedad, ya que generan opinión; por lo que, muchos políticos están comprando medios de comunicación para verse favorecidos con los mismos e informar solo lo que les conviene.

EFECTOS NEGATIVOS DE LA TELEVISIÓN

La televisión es denominada como la Caja Boba porque absorbe gran parte del tiempo de las personas, en especial de los adolescentes y niños porque comen, estudian, juegan y conversan delante de un televisor, descuidando

la lectura, por lo cual se les hace más difícil la universidad. La televisión ejerce en ellos los siguientes efectos negativos:

• Genera violencia, enseñando a resolver los conflictos con

[65]

violencia.

* Genera agresividad y pesimismo, menor imaginación y falta de empatía.

* Los televidentes jóvenes tienden a ser obesos y no son buenos estudiantes.

* Genera el hábito de la flojera.

* Produce en los adolescentes y niños una atención dispersa.

* Cambia conceptos, juicios, valores y principios.

* Impide la reafirmación de la identidad del adolescente.

* Obstaculiza el desarrollo de la autoestima.

* Genera alienación cultural.

* Impide el pensar, dando lugar solo al sueño.

RECOMENDACIONES PARA PADRES DE FAMILIA

* Supervise lo que su hijo(a) ve en televisión y lo que lee, porque hoy en día es fácil acceder a todo tipo de información.

* No tema fijarle límites sobre la cantidad de tiempo que puede pasar delante del televisor, de la computadora y de su celular.

* Explique a su hijo(a) que lo que ve en televisión, no siempre pasa en la vida real.

* Averigüe qué aprende su hijo de los medios de comunicación y

con   quién   se   comunica   a   través   del   Internet.

PARA QUE ENTIENDAS MEJOR...

Había una vez un niño que iba a la escuela, era muy pequeño y la escuela muy grande.

Una mañana cuando estaba en clases la maestra dijo: "Hoy vamos a hacer un dibujo.

El niño verdaderamente se alegró, porque a él le gustaba dibujar mucho, pero la maestra dijo: ¡Esperen! ¡No empiecen todavía!

El niño espero a que los demás estuvieran listos y la maestra dijo: "Vamos a hacer flores".

El niño se alegró porque le gustaba dibujar flores de diferente tipo, diferente color, diferente tamaño y muy poco usuales, pero la maestra dijo: "¡Esperen! Yo les mostraré como hacerlo" y dibujó una flor tradicional en la pizarra.

El niño miró la flor que había dibujado la maestra en la pizarra, pero, le gustaba más las flores que dibujaba; aunque no lo dijo, simplemente hizo una flor como la de la maestra, con un tallo verde, hojas verdes y flor roja.

Otro día, en clases la maestra dijo: "Hoy vamos a hacer algo con plastilina

El niño verdaderamente se alegró, porque a él le gustaba la plastilina, podía hacer todo con plastilina como animalitos, perritos, vaquitas, etc., pero la maestra dijo: ¡Esperen! ¡No empiecen todavía!

El niño esperó a que los demás estuvieran listos y la maestra dijo: "Vamos a hacer un pato"

El niño se alegró porque le gustaba hacer patos con plastilina y empezó a hacer patitos de todas formas y tamaños, muy poco usuales, pero la maestra dijo: "¡Esperen! Yo les mostraré como hacerlo" y les mostró a todos un patito.

El niño miró el patito que había hecho la maestra, pero le gustaba más los patitos que él hacía; aunque no lo dijo, simplemente hizo un patito como la de la maestra, de color amarillo, con dos ojos y un pico rosado.

Muy pronto, el niño aprendió a esperar, a observar y a hacer las cosas como su maestra, y muy pronto dejó de hacer las cosas solo.

Y, entonces, ocurrió que el niño y su familia, se mudaron a otra ciudad y el niño tuvo que ir a otra escuela.

el primer día de clases la maestra dijo: "Hoy vamos a hacer un dibujo".

El niño se alegró y espero a que la maestra le dijera que hacer, pero la maestra no dijo nada, solo caminaba por el aula.

Cuando llegó hasta el niño, le dijo: ¿No quieres hacer ningún dibujo?, "Si" dijo el niño.

¿Qué vamos a hacer? le preguntó el niño, "No lo sé, hasta que no lo hagas", dijo la maestra.

¿Cómo lo hago?, le preguntó el niño, "Bueno como quieras", dijo la maestra.

¿Y de qué color?, le preguntó el niño, "Cualquier color", dijo la maestra; si todos hicieran el mismo dibujo y usaran los mismos colores, ¿Cómo sabría quién hizo cada cosa y cuál es cuál?, "No lo sé" le respondió el niño.

*empezó a hacer flores color azul, anaranjado y rosa. **Le gustaba su nueva escuela.***

La moraleja de esta historia es, que los adolescentes al igual que cualquier persona, tienen grandes potencialidades, pero debido a los estereotipos culturales de una sociedad, no los desarrollan.

Capítulo VII
DESARROLLO RELIGIOSO EN LA ADOLESCENCIA

Bolivia está atravesando una etapa de cambios estructurales que tienden a fortalecer la economía nacional lo cual ha generado un gran vacío espiritual que es cubierto con la aparición de un gran número de entidades religiosas.

Este vacío espiritual es particularmente perjudicial en los años de tránsito y de consolidación como es la adolescencia y mucho más, cuando éstos buscan alternativas de vida.

ETIMOLOGÍA

En sentido etimológico, religión significa estar atado con algo o con alguien, porque religión proviene de la voz latina **religere o religare**, que significa atar o anudar.

CONCEPTO

La religión es un producto cultural que implica la relación de los hombres con la divinidad a través del culto religioso.

Los hombres son seres espirituales, por lo mismo, tienen la necesidad de creer en algo divino, en algo supremo.

ORIGEN DE LAS RELIGIONES

La religión surge cuando el hombre no puede explicar ciertos fenómenos naturales como los rayos, terremotos, sequías, etc.

El hombre atribuye estos fenómenos a un ser divino y supremo, por lo cual, para quedar bien con ese Ser, se inician los cultos para satisfacer la necesidad espiritual de los seres humanos.

Por todo esto, la religión es un ente regulador de la conducta humana.

CRISTIANISMO

Es aquella persona que hace y no dice, que lucha por el cambio, para hacer de este mundo, más justo, más humano, con mayor libertad e igualdad, donde se disminuya la brecha existente entre ricos y pobres.

ATEÍSMO

Es una doctrina religiosa que niega la existencia de Dios. El ateo no cree en Dios.

ENTIDADES RELIGIOSAS EN BOLIVIA

Existe más de un centenar de entidades religiosas en Bolivia, que ejercen una poderosa influencia en la conducta de las personas, entre ellas podemos mencionar: Los Testigos de Jehová, que no permiten las transfusiones de sangre y establecen el no respeto a los símbolos patrios; los Haré Krishna que permiten a sus integrantes el consumo de drogas, los cuales son mezclados en su bebida y en su comida; los Mormones o la Iglesia de Jesucristo de los Santos de los Últimos Días, que permiten a sus integrantes casarse más de una vez; Eklesia donde se denunció malversación de fondos, enriquecimiento ilícito, defraudación y evasión fiscal, entre los más importantes. Pero no todo es negativo, ya que las entidades religiosas inculcan valores religiosos a sus miembros, generando una convivencia más armónica en la sociedad.

CARACTERÍSTICAS

Todas las entidades o asociaciones religiosas se caracterizan por el FANATISMO de sus integrantes, los cuales llevan a extremos su credo religioso, dejando de lado muchas veces su bienestar personal, familiar, laboral, social y la de su Patria.

Por todas estas razones, las entidades religiosas ejercen una gran influencia en los jóvenes y mucho más en la actualidad, ya que poseen grandes medios de comunicación para profesar sus credos religiosos.

EL ADOLESCENTE Y LA RELIGIÓN

Las actitudes religiosas de los adolescentes son complejas y originales. Descubren los valores y los compromisos religiosos, morales y sociales del creyente, se inician en ellos con una religiosidad proyectiva, camino hacia su madurez.

En la adolescencia, unos serán más creyentes y otros más escépticos; unos más profundos y otros más superficiales; unos se inclinarán por las ideas y criterios, y otros por la práctica de esas ideas.

Su religiosidad, por lo general, no es todavía definitiva y madura; se halla muy sujeta a transformaciones asociadas a sus alteraciones emocionales. Por eso, tiene el riesgo de ser tornadiza y sufrir rupturas o al menos vaivenes en las decisiones, adhesiones y valores.

Al terminar la adolescencia, se consolida las ideas y los sentimientos religiosos. La religiosidad llega a la autonomía casi total, pues el individuo asume sus decisiones con independencia creciente de su entorno, a pesar de las interferencias de los adultos.

En esta etapa, el pensamiento religioso se vuelve con insistencia hacia las opciones de vida: Trabajo, matrimonio, profesión, estrategias para triunfar, etc.

CREENCIAS RELIGIOSAS Y SEXUALIDAD

Muchos adolescentes que viven en ambientes de creyentes, establecen una estrecha vinculación entre la sexualidad y su compromiso religioso, siendo frecuente una conducta agresiva a las doctrinas religiosas que profesan los padres o de uno mismo por no aceptarlo en la práctica, porque al igual que cualquier ser humano tienen la necesidad básica de amar y ser amados.

Cuando un adolescente tiene una formación religiosa muy

cerrada y tajante, ven todo lo relativo a la sexualidad como algo sucio y pecaminoso, lo cual influye de manera negativa en su posterior desarrollo.

LOS SENTIMIENTOS RELIGIOSOS EN EL ADOLESCENTE

El adolescente muestra una religiosidad muy vinculada a estímulos ocasionales, períodos de efervescencia sentimental. Estas manifestaciones pueden estar relacionadas con una persona, una vivencia, un encuentro, una invitación, una lectura, una necesidad ajena, un acto religioso que conmueve su sensibilidad, ocasionando en él exaltación espiritual o adhesión intensa.

El espíritu participativo y solidario de esta edad, abre las puertas a la relación religiosa con otros compañeros en similares condiciones.

En los círculos íntimos en los que predomina la confianza, no se siente inhibición para el cumplimiento religioso. La vida sacramental tiende a la convivencia y fomenta incluso la solidaridad con el grupo. Si no hay confianza, lo religioso se relega al fuero de la conciencia y el respeto humano impide exteriorizarlo. Del mismo modo, nacen afanes apostólicos, sobre todo en los grupos de amigos con los que se convive.

Con todo, la expresión de la fe del adolescente tiende a ser preferentemente personal, aun cuando le cuesta todavía desprenderse de las ideas de la familia, colegio, amigos y compañeros de curso. Rechaza cauces de expresión impuestos y no llega a sentir la necesidad de respetar la fe ajena, si estas formulaciones chocan con la suya. Por eso, su fe no se manifiesta todavía madura, serena y estable.

EDUCACIÓN Y RELIGIÓN

En los estudiantes de orientación humanista, suelen surgir con alguna frecuencia replanteamientos ideológicos o revisiones periódicas, al menos en terrenos o aspectos relacionados con sus estudios literarios, históricos, filosóficos y religiosos.

De ahí que, la educación religiosa habrá de valorar mucho la instrucción doctrinal y moral.

Es difícil determinar qué tipo de religión es la mejor para cada uno o la más conveniente para la eficacia educativa de cada persona. Pero, eso sí, la imposición de una determinada religión en el colegio a un adolescente genera rechazo y conflictos internos.

DIFERENCIAS RELIGIOSAS POR SEXO

Existen diferencias religiosas entre varones y mujeres. Si la joven tiende a exteriorizar con más sensibilidad las reacciones y las opiniones, no hay que concluir que es más religiosa que el varón, sino que tiene formas expresivas propias para transmitir al exterior sus creencias y sus actitudes.

El comportamiento religioso de la muchacha influye notablemente en el varón, incluso más que la influencia familiar, cuando con ella se relaciona en clima de homogeneidad y de confianza.

MEDIOS DE COMUNICACIÓN Y RELIGIÓN

La influencia de los medios modernos de comunicación social (cine, televisión, radio, prensa e internet), con la promoción de mitos y criterios de signo consumista es bastante poderosa, porque cambia criterios y comportamientos religiosos, al menos en ambientes desarrollados y pragmatistas.

TIPOLOGÍA RELIGIOSA

Según el comportamiento religioso existen siete clases de adolescentes:

1. LOS ANTI-RELIGIOSOS

Se marginan de todo lo espiritual y se sienten dominados por el escepticismo (por la duda).

Evitan el factor trascendente en su vida, sus actos y planteamientos se apoyan en intereses inmediatos.

2. LOS INDIFERENTES

Se independizan de lo religioso, pero no niegan la existencia de lo Divino (Dios). No se sienten dominados por sentimientos y actitudes que tengan que ver con la divinidad o con sus misterios. Su postura es la indiferencia espiritual.

Estos adolescentes racionalizan sus conocimientos con los principios religiosos existentes en su sociedad.

3. LOS TRADICIONALISTAS

Se hacen eco de la sociedad en la que
viven y ordenan sus criterios y sus actos
en función de las costumbres mayoritarias
de la familia o de la entidad escolar a la
que acuden.

Estos adolescentes promueven los actos de caridad, piedad y
ayuda.

4. LOS FERVOROSOS

Ven y sienten a la religión como un condicionante
fuerte, en cuanto a sus modos de pensar, de querer y
de actuar. Asumen los misterios religiosos y los
convierten en fuerzas vitales con intensa tonalidad
afectiva y con actuaciones consecuentes.

En general, la religiosidad del adolescente varía según las
circunstancias en las que se desenvuelve.

5. LOS MORALISTAS

Son los que identifican su religiosidad con el cumplimiento de
sus creencias religiosas. Determinan lo que es bueno y malo de
forma afectiva más que reflexiva, y lo religioso se reduce a no
romper la norma interior que suele tener más de sentimiento que de
recta iluminación a la luz de la fe.

Van a misa, pero no oran. No hieren al
prójimo, pero no cultivan el amor. Respetan al
prójimo, pero no distinguen el sentido de la
caridad. Sienten paz si cumplen sus

obligaciones religiosas y les remuerde la conciencia si abandonan sus "deberes" religiosos.

Algunos imperativos morales pueden absorber su fe, como la solidaridad, justicia, honradez, deberes escolares, autodominio sexual, etc., identificando su fe con su moral.

6. LOS PROSELITISTAS

Para estos adolescentes, la religiosidad se convierte en un motivo de acción conquistadora llegando en ocasiones a la fogosidad sectaria por motivos más afectivos que racionales. Hacen de lo religioso motivo de lucha más que de oferta.

Tales adolescentes son creyentes persuadidos y tratan de dominar cautivando a otros sin examinar lo que creen. No quiere ello decir que sean inconsecuentes, sino que su inmadurez no da para posturas más consistentes, al no entender que la fe es un don divino y no una conquista humana.

A veces, estos proselitistas se mueven por dinamismos turbulentos, llegan a los umbrales del fanatismo conflictivo y agresivo. Hacen de los mensajes y de las normas motivo de tensión, tanto en sí mismos por sus dudas y angustias, como en los demás, por el contagio de sus zozobras.

7. LOS FILÁNTROPOS

La religiosidad social benefactora, altruista y comprometedora, puede tentar a muchos adolescentes comprometidos en tareas y en servicios solidarios. Se justifican por los reclamos de sensibilidad y no se basan en los imperativos de la doctrina.

Es difícil diferenciar en estas personas lo que hay de humano y lo que es espiritual en sus comportamientos. Cuando se dan estas actitudes en los niveles adolescentes siempre hay un factor externo.

RECOMENDACIONES PARA PADRES Y PROFESORES

1. Facilitar y orientar al adolescente sobre las amplias posibilidades religiosas que existen, para evitar el riesgo del subjetivismo (que no lleve a la práctica, toda su teoría religiosa) y actúe de manera responsable.

2. Recordar al adolescente que su cultura religiosa no equivale a su fe, por lo cual se le debe dar a conocer las actitudes que conducen a la fe, como: la humildad, la sinceridad, la caridad y la sensibilidad espiritual. En cierto sentido, hay que prepararle el camino para que sea él, quien asuma sus compromisos religiosos y así obtener una vida personal transformadora y satisfactoria.

3. Se debe evitar promocionar cualquier forma de fanatismo religioso o actitudes intransigentes que conducen a la anulación de los verdaderos valores espirituales.

4. Facilitar a los adolescentes encuentros, convivencias y relaciones auténticamente cristianas, cultivando de esta manera, su fe religiosa en la fe de sus compañeros como un apoyo tonificador a su actitud de creyente.

5. Paciencia, comprensión y fortaleza a las reacciones desconcertantes que, a veces presentan los adolescentes como cambios repentinos de humor y respuestas agresivas. Tratando con

adolescentes, hay que estar siempre volviendo a empezar. Hay que hacerlo sin margen.

PARA QUE ENTIENDAS MEJOR...

Cierta vez, empezó a inundarse una playa donde vivía un creyente y es así que, el nivel del agua le llegó hasta las rodillas y, en ese instante, vino un salvavidas en una lancha y le dijo al creyente: "Súbase, súbase ", pero el creyente dijo: "No, yo sé que Dios, me va a salvar" y no se subió; el nivel del agua seguía subiendo, le llegó hasta la cintura, en ese instante viene un segundo salvavidas en una lancha y le dijo al creyente: "Súbase, súbase ", pero el creyente dijo: "No, yo sé que Dios , me va a salvar" y no subió, el nivel del agua seguía subiendo, le llegó hasta el cuello y, en ese instante, viene un tercer salvavidas en una lancha y le dijo al creyente: "Súbase, súbase ", pero el creyente dijo: "No, yo sé que Dios, me va a salvar" y no se subió.

Como era de esperarse, este creyente murió ahogado y se fue al cielo. Ya estando en el cielo frente a Dios, le reclamó: "Señor tú sabías que yo era uno de tus siervos más fieles pero, ¿Por qué no acudiste en mi auxilio, cuando yo más te necesitaba?" y el Señor le respondió: "Hijo mío yo acudí en tu auxilio, porque te mandé tres lanchas pedazo de gil".

La moraleja de esta historia es, que las cosas no caen del cielo por una simple oración, también debemos poner de nuestra parte, mucho trabajo, sacrificio, esfuerzo y lucha.

Capítulo VIII
ACTIVIDAD CONSCIENTE E INCONSCIENTE

El hombre realiza en su vida diaria dos tipos de actividades, una actividad consciente y la otra inconsciente.

ACTIVIDAD CONSCIENTE

Es aquella actividad que realiza el hombre, de manera racional dándose cuenta de lo que hace, es decir, utilizando sus cinco sentidos.

ACTIVIDAD INCONSCIENTE

Es aquella actividad que el hombre realiza de manera instintiva sin darse cuenta de lo que hace.

Esta actividad fue estudiada por SIGMUND FREUD, médico psiquiatra austríaco, creador del psicoanálisis, que es un método para curar enfermedades mentales y nerviosas.

FREUD es considerado el SATÁN DEL SIGLO XX, por sus afirmaciones revolucionarias y temerarias referentes a la naturaleza sexual de los hombres. Señala, que el desarrollo sexual de los hombres va desde el autoerotismo hasta las relaciones heterosexuales; y que en el inocente niño se da el complejo de Edipo por el cual siente atracción sexual hacia la madre, y en la inocente niña el complejo de Electra por el cual siente atracción sexual hacia el padre. También, señala que en el cuerpo del ser humano existen zonas erógenas donde reside el placer anal, genital y bucal.

Según Freud, el hombre es un ser sexual porque su conducta está determinada por los impulsos sexuales que se encuentran en su inconsciente.

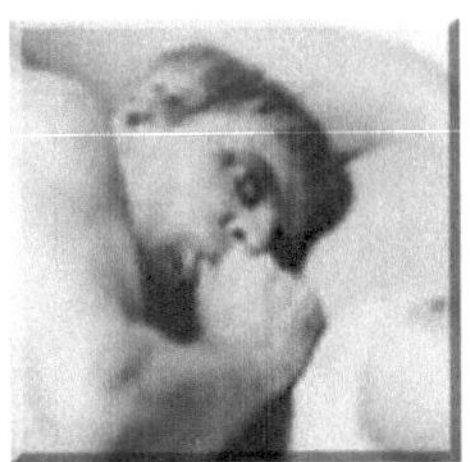

Estas afirmaciones causaron un gran estupor y terror en la sociedad mundial de ese entonces, que era excesivamente conservadora y moralista por lo cual se le dio ese denominativo de "SATÁN DEL SIGLO XX".

Freud para demostrar y fundamentar todas sus afirmaciones crea tres conceptos fundamentales, los cuales son: el Yo, el Ello y el Súper Yo.

YO

Es la parte consciente de las personas, por el cual uno recuerda con facilidad a sus amigos, sus tareas, su trabajo, su familia, su gatito, su mamá, sus hermanos, etc.

El "Yo" tiene la función principal de reprimir al "Ello", no dejándolo salir y expresarse libremente por órdenes del "Súper Yo". Si el "Yo" deja salir y expresarse libremente al "Ello"; el "Súper Yo" lo castiga creándole sentimientos de culpa, tristeza, depresión, amargura, tensión e irritabilidad.

ELLO

Es la parte inconsciente de las personas, que está formado por elementos nocivos y destructivos como ser: Los instintos, los miedos, los traumas, los trastornos, las experiencias negativas, los complejos y los impulsos sexuales. Los impulsos sexuales, 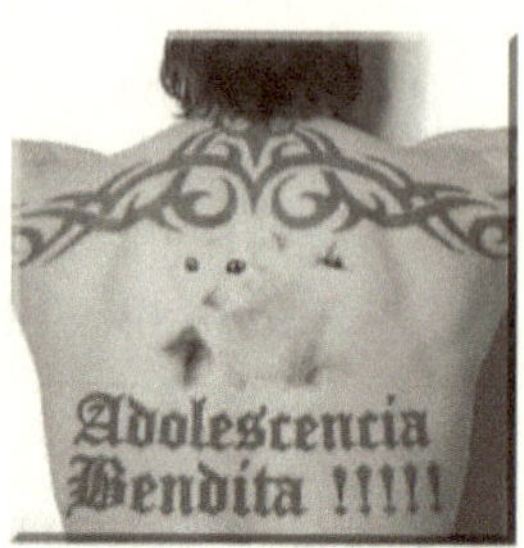

según Freud, son los que predominan entre estos elementos, por lo que determinan la conducta de las personas.

El "Ello" siempre trata de expresarse y salir libremente pero el "Yo" no lo deja por órdenes del "Súper Yo". Si el "Ello" sale y se expresa libremente, siempre habrán problemas como ser: infidelidades, violaciones, homicidios por emoción violenta, contagio de enfermedades de transmisión sexual, embarazos no deseados, invalidez y muerte, entre otros.

SÚPER YO

Es una especie de conciencia moral que nos dice lo que está bien y lo que está mal. El "Súper Yo" se va formando con la educación, el arte, la religión, el deporte y las vivencias, por lo cual todos tienen un "Súper Yo" diferente. 

El hombre debe canalizar sus impulsos sexuales a través del deporte, la música, el arte, la religión, el reír, el jugar, etc., ya que solamente así, tendrá estabilidad emocional, laboral, familiar y social en su vida.

FUNCIONAMIENTO DEL YO, EL ELLO Y EL SÚPER YO EN LA VIDA REAL

Para que se entienda de mejor manera estos tres conceptos, colocaremos un ejemplo que pasa en la vida real, partiendo de una situación concreta. Luchito Morales de 38 años, casado con Ana Buena de 35 años, es un matrimonio de 18 años, que tienen dos hijos, uno de 16 años y el otro de 13 años. Es una familia feliz hasta que un día, directamente desde los Estados Unidos, llega a visitarles la cuñada, una guapísima rubia, que es mucho más joven y más bonita que la esposa.

Luchito Morales al verla le echa el ojo, ya que le impacta, pero no hace nada porque su conciencia moral, es decir el "Súper Yo" le dice a su "Yo" que es la parte consciente, que es un hombre casado, que tiene hijos y le recuerda el qué dirán los vecinos y familiares. Por esta razón, Luchito Morales no hace nada.

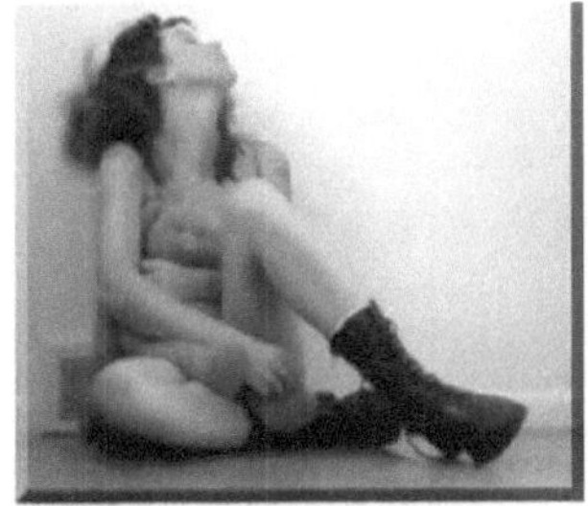

En un primer caso, ya llegada la noche de ese mismo día, cuando se encuentra dormido, sueña que está con su cuñada, porque cuando uno está dormido el "Yo" queda eliminado y el "Ello" se expresa libremente. Al día siguiente cuando ya está despierto, recién vienen los rayos, los truenos y las viboritas, porque el "Súper Yo" lo castiga al "Yo" por haber dejado salir al "Ello", creándole sentimientos de culpa, tensión, depresión, angustia, estrés, remordimientos, tristeza, amargura y pena.

En el segundo caso, esa misma tarde de la visita de la cuñada, Luchito Morales se va de parranda, llegando completamente ebrio a su casa y sin ningún miedo empieza a molestar a su cuñada delante de su esposa e hijos. Todo esto porque cuando uno está ebrio el "Yo" queda eliminado, expresándose libremente el "Ello" (constituido por los instintos, fobias, traumas, experiencias negativas, trastornos, complejos y los impulsos sexuales). Al día siguiente cuando ya está sobrio, y el "Yo" asume nuevamente el poder, encuentra que su esposa y sus hijos ya no están, por lo cual se dice a sí mismo: "Que he hecho, soy la peor persona en el mundo", "Yo tengo la culpa de que mi esposa y mis hijos me hayan abandonado", "Quisiera que la tierra se abra y me trague", "Soy un cochino", etc. Todo esto porque el "Súper Yo" lo está castigando al "Yo" por haber dejado salir al "Ello".

PARA QUE ENTIENDAS MEJOR...

Un jefe indio, estaba hablando con su nieto y le decía: "Hijo, hoy me siento como si tuviera dos lobos peleando en mi corazón. Uno de los dos es un lobo enojado, violento y vengativo. El otro está lleno de amor y compasión". El nieto preguntó: "Abuelo dime entonces ¿Cuál de los dos lobos ganará la pelea en tu corazón?".

El abuelo contestó: "Desde luego que ganará, aquel que yo alimente mejor"

La moraleja de esta historia es, que siempre debe alimentarse al ser humano con valores, buenos hábitos, virtudes; pero, sobre todo, con amor, porque de lo contrario, siempre tendremos en nuestro interior peleas cada vez más fuertes entre el Yo(parte consciente) y el Ello(parte inconsciente).

Capítulo IX
LA FRUSTRACIÓN

La vida es un mar de alegrías y tristezas, por lo cual tenemos a menudo frustraciones.

Los cambios físicos que suceden en los adolescentes generan en ellos inestabilidad e inseguridad, por lo cual, son más propensos a sufrir frustraciones en todos los ámbitos en que se desenvuelven.

Muchos adolescentes en algún momento de su vida se sintieron tan tristes que lloraron y desearon alejarse de todo y de todos o pensaron alguna vez que la vida no vale la pena vivirla.

CONCEPTO

La frustración es la interferencia entre nuestra conducta motivada y nuestros objetivos. Una persona frustrada es aquella que no consigue sus objetivos; generalmente sufre, padece sentimientos de culpa, remordimientos, depresión, angustia, tristeza y pena.

INTENSIDAD DE LAS FRUSTRACIONES

La intensidad de las frustraciones varía en las personas frustradas, ya que ésta depende de la importancia del objetivo, las condiciones en las que se da frustración, las experiencias previas y la formación de la persona frustrada.

REACCIONES A LA FRUSTRACIÓN

Las principales reacciones a la frustración son: La agresión, la huida, la depresión y el estrés.

1. AGRESIÓN

Los adolescentes utilizan la agresión como respuesta a sus frustraciones la cual se expresa a través de: una franca rebeldía contra sus padres y muchos de sus profesores, pero no así de sus amigos, utilizar términos groseros, una mirada y sonrisa irónica, consumo de bebidas alcohólicas, bajas calificaciones, masturbación, exhibicionismo, formación de pandillas, transgredir normas, etc.

2. HUIDA

Los adolescentes también expresan sus frustraciones a través de la huida de todo aquello que les recuerda que tuvieron una frustración como ser: una familia incomprensible, una familia fraccionada, un profesor autoritario, una materia reprobada, un lugar donde tuvo una experiencia negativa, una persona que no lo supo comprender, etc.

3. DEPRESIÓN

Los adolescentes también expresan sus frustraciones a través de la depresión, por lo que muchas veces se encierran en sus cuartos, no quieren hablar con nadie, sin ningún motivo aparente. Se deprimen hasta tal punto de no comer, no hacer sus tareas, bajar su autoestima, no contestar llamadas telefónicas y bajar sus calificaciones, etc.

4. ESTRÉS

Por último, los adolescentes expresan sus frustraciones a través del estrés, por lo que se muestran ansiosos, retraídos, agresivos y presentan enfermedades físicas.

LA DEPRESIÓN Y EL SUICIDIO

El peligro más grande de la depresión en la adolescencia es el suicidio, ya que la persona deprimida se caracteriza por presentar un estado de ánimo triste y desesperado con cambios de conducta; ya no le interesa el trabajo, ni la opinión de sus compañeros, hay problemas de concentración, falta de energía, falta de interés en actividades que antes le gustaban, otras veces pierden todo deseo sexual o viceversa, duermen y comen con frecuencia o escasamente y su autoestima se deteriora (ya no se peina, ya no se arregla y ya no se quiere).

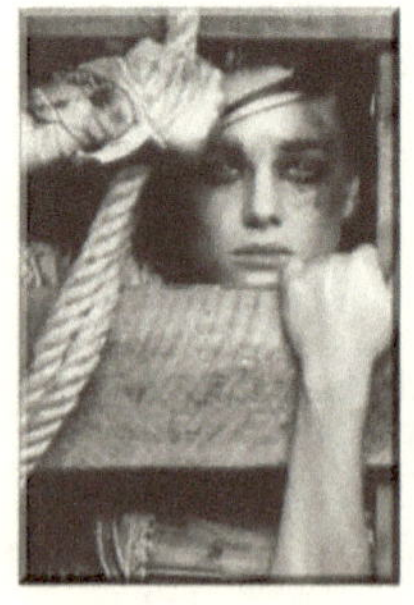

El suicidio es una alternativa que consideran algunos adolescentes como solución a sus problemas, sin pensar en las personas que los quieren (siempre hay) las cuales sufrirían con su partida. Por lo tanto, en el suicidio se manifiesta EGOISMO, porque se priva a los familiares y amigos de la presencia de la persona que se va a suicidar.

Los adolescentes con tendencias suicidas se consideran personas que no son queridas por nadie, malas, podridas por dentro, un estorbo, un problema y se arrepienten de haber venido al mundo.

MECANISMOS DE DEFENSA

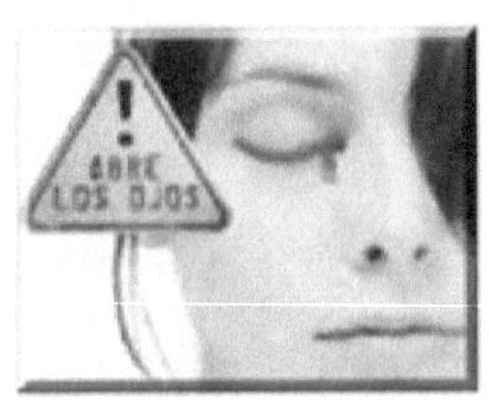

Son medios que utilizan las personas frustradas para disminuir o aminorar la intensidad de sus frustraciones, utilizando frases como ser: "Después de todo, ese trabajo no me convenía...", "No importa que

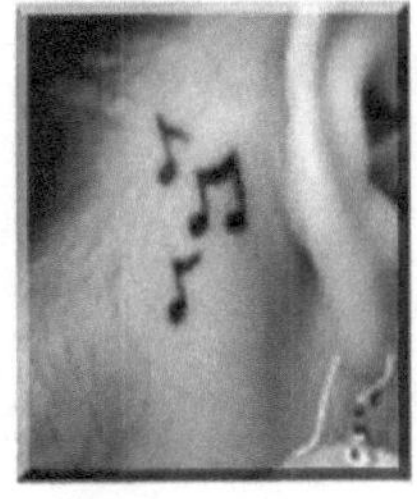

haya reprobado porque recién es el primer trimestre...", "El árbitro estaba en contra de nosotros, por eso perdimos el partido...", "No importa que haya reprobado el curso, soy joven todavía...", "Al final, ese muchacho no me convenía...", etc.

CAUSAS QUE GENERAN FRUSTRACIÓN

EN EL ADOLESCENTE

- Falta de comunicación en la familia, por lo cual se reprimen pensamientos y sentimientos de los adolescentes.

- La muerte de un ser querido.

- El rechazo o abandono de uno de los padres.

- Los problemas conyugales de los padres.

- Posturas extremas de los padres como el autoritarismo, el

machismo y el feminismo.

- Ausencia de manifestaciones de cariño para con el adolescente.

  - Conflicto entre padres e hijos.

  - Malas relaciones con sus profesores.

  - Cambios en su cuerpo.

  - Problemas con los amigos.

  - Decepciones amorosas.

  - Haber reprobado un curso.

  - Tener alguna deficiencia física (cojear, ceguera, una cicatriz, falta de dientes, acné acentuado, parálisis o tener epilepsia).

  - Tener los senos o pene muy pequeños.

  - Miedo por los cambios físicos y fisiológicos por los cuales atraviesa.

  - No ser apoyados por los padres en sus emprendimientos.

  - Enfermedades.

  - Extrema pobreza, discriminación y falta de empleo.

  - Un sistema escolar ineficaz.

- Tener alguna deficiencia física o psicológica por causa de los padres (no hacerlos vacunar o haberlos abandonado).

- Mudarse de casa o cambiar de escuela.

CONSECUENCIAS

- Deserción escolar.

- Bajo rendimiento escolar.

- Peleas escolares.

- Baja autoestima.

- Suicidio.

- Comportamiento rebelde.

- Consumo de drogas.

- Consumo de bebidas alcohólicas.

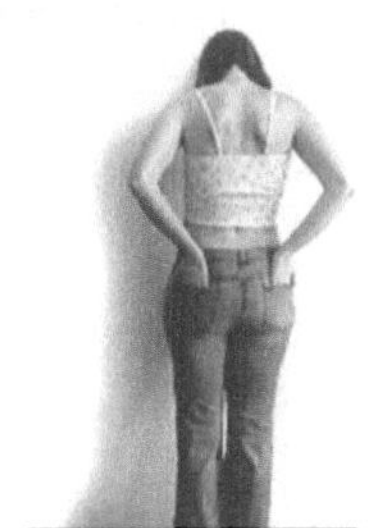

- Contagio de ITS.

- Embarazos no deseados.

- Consumo de cigarrillos.

- Delincuencia juvenil.

PARA QUE ENTIENDAS MEJOR...

Cierta vez escuchamos a una madre decir de su hijo delincuente "Yo sabía que de este muchacho, no se podía esperar nada bueno, y ahí lo tienen es un don nadie, un malvado".

Como la madre esperaba tan poco de su hijo, esta actitud negativa se la fue transmitiendo hasta que el muchacho realmente se convenció de que no servía para nada. En consecuencia, como él debía hacer algo para probarle a su madre que ella tenía razón, se volvió un malhechor.

Es muy probable que este niño haya escuchado en su vida muchas frases como estas: "Usted no va a servir para nada", "Yo sí no espero nada de usted", "Ojalá que usted se vaya de la casa para que no me dañe a los otros". Además, la madre o el padre nunca le prestaron atención a ese muchacho, no le manifestaron su cariño o si lo hicieron fue con desgano. Quizá no le ayudaron en verdad en el trabajo escolar o seguramente nunca lo felicitaron por un trabajo bien hecho. Lo que el muchacho piensa entonces es: "Como ellos no esperan nada de mí, voy a darles gusto".

La moraleja de esta historia es, que este tipo de situaciones genera una gran frustración en los adolescentes, por lo que pierden, muchas veces, su autoestima y lo más probable es que tomen decisiones equivocadas.

Capítulo X
DESARROLLO SEXUAL EN LA ADOLESCENCIA

Desde un punto de vista psicoanalítico el hombre es un ser sexual, va desarrollando su sexualidad desde el autoerotismo hasta las relaciones heterosexuales.

En el caso concreto de los adolescentes, los impulsos sexuales que se encuentran en el inconsciente son los que determinan su conducta, porque en el proceso de definición de su identidad sexual se sienten más solos y distintos que nunca; por lo cual, son capaces de dar amor desmedido a otros, simplemente para no sentirse solos.

SEXO

Es aquello que diferencia a los varones de las mujeres en sus partes externas como internas.

SEXUALIDAD

Es un atributo físico, fisiológico, psicológico y social de las personas, que se expresa en la forma de reír, jugar, caminar, hablar, bailar, etc. La sexualidad va más allá de nuestro comportamiento erótico (placer orgásmico) y de la reproducción, ya que la sexualidad está impregnada de sentimientos, pensamientos, actitudes y comportamientos de la vida diaria.

RELACIONES SEXUALES

Es la unión física y espiritual de dos personas como culminación de todo un proceso de amor.

Las relaciones sexuales tienen dos finalidades principales que son: la procreación (tener hijos) y el placer (reavivar el amor de la pareja, uniéndolos física y espiritualmente).

DESARROLLO DE LA IDENTIDAD SEXUAL

En el ser humano la diferenciación sexual es un complejo proceso que ocurre en distintos tiempos de la vida Pre-natal que tiene su base en el patrón cromosómico que se establece en el momento de la concepción.

A partir del nacimiento del niño emerge un mundo social donde paulatinamente va desarrollando y perfilando su propia personalidad. Quizás el primer hecho psicológico en su desarrollo sexual sea la identidad del sexo o percepción interna de pertenencia a un sexo determinado. En la mayor parte de los casos, el sexo biológico y la identidad del sexo se corresponden; es decir, un niño con genitales masculinos, se clasifica a sí mismo como niño y una niña con genitales femeninos, lo hace como niña.

Esta convicción primaria de ser hombre o ser mujer va consolidándose y adquiriendo sentido a medida que el individuo crece y se desarrolla en la pubertad y la adolescencia. La forma de comportarse y sentir de acuerdo a esa convicción irá tomando forma y significado dependiendo de los nuevos elementos que vaya integrando a su personalidad como resultado de nuevas experiencias de vida.

El paso del tiempo y la influencia socio- cultural hacen que la identidad del sexo sea más compleja e incluya nuevos dominios de comportamiento apropiados para los hombres, apropiados para las mujeres y, en algunos casos, apropiados para los dos.

El hecho de pertenecer biológicamente a un sexo no significa que el modo de comportamos sexualmente a lo largo de nuestra vida esté determinado solo por este hecho, porque el ser humano al vivir en una sociedad vive influenciado también por prejuicios e ideas erróneas (tabúes y prohibiciones) que distorsionan la vida e identidad sexual de las personas.

INFANCIA

En esta etapa, las principales fuentes de información respecto a la curiosidad sexual que siente el infante proceden de la familia. El pequeño elabora una serie de actitudes sobre su propio cuerpo, especialmente sobre la idea del desnudo y de las relaciones con personas del otro sexo.

Aproximadamente a los dos años y medio, el pequeño es consciente de sus propios órganos sexuales. Este descubrimiento tan importante para él, lo exteriorizará a través de múltiples manifestaciones: se los palpará cuando se encuentre desnudo, le gustará mirárselos en el espejo y disfrutará exhibiéndolos sin el menor recato. Una consecuencia de este hallazgo es que los niños empiezan a mostrar interés en función del sexo por las diferentes posturas para orinar. No es de extrañar que muchas niñas imiten a sus hermanos o amiguitos e intenten hacerlo de pie.

A partir de los tres años se observa que les atrae enormemente el cuerpo del adulto, lo contemplan con verdadera curiosidad y hacen preguntas sobre diversos aspectos. De todas las zonas corporales, la que más les llama la atención suele ser el pecho materno y es normal que intenten tocarlo.

Entre los cinco y seis años, el niño se encuentra en plena fase de identificación sexual y empezará a preguntar por qué el padre no tiene pecho y la hermana no tiene pene.

NIÑEZ

En la niñez se da el primer proceso de socialización, ya que el niño va a la escuela. Es un mundo diferente donde aprende a convivir con otros pequeños de su misma edad, de su mismo o diferente sexo. La curiosidad es el motor que desarrolla su pensamiento, su inteligencia y su afectividad.

LOS niños llevados por su curiosidad investigan las diferentes partes de su cuerpo como ser: sus orejas, su nariz, sus ojos, etc., pero sobre todo sus genitales (órganos sexuales) jugando con ellos de manera inocente; por lo cual, es importante que los padres no vean esta situación como algo

malo, algo sucio, sino por el contrario expliquen al niño que ese tipo de manipuleo puede originar irritaciones e inflamaciones.

A partir de los seis o siete años se le puede hablar al niño del acto sexual, aunque por supuesto, con un lenguaje muy sencillo y adaptando el contenido a su mentalidad infantil. Una forma de afrontar esta cuestión es analizar las diferencias anatómicas entre el hombre y la mujer; estudiar cómo uno y otro se complementan entre sí. Por lo general, los pequeños ya saben que los niños tienen algo de lo que carecen las niñas; pues bien, ahora es el momento de explicarles el porqué de esta diferencia y la función que tienen. Es importante hacerles ver cómo la concepción de un nuevo ser humano es cosa de dos personas que se quieren; una la mujer, que tiene en su interior la semilla (óvulo) que necesita ser fecundado y otro el hombre, que a través del pene deposita una partícula en el interior de la mujer, uniéndose ambas partes y formando un pequeño huevo del que poco a poco va surgiendo el bebé.

La etapa que va de los diez a los doce años debe aprovecharse para informar al niño en profundidad sobre la sexualidad. Es conveniente que conozca todo lo relacionado con las modificaciones propias del crecimiento, los procesos reproductores, las eyaculaciones nocturnas, la masturbación y la menstruación.

PUBERTAD

En la pubertad se desarrollan las glándulas sexuales, por lo que en los varones se produce la primera eyaculación de espermatozoides tanto de manera consciente (cuando hay un estímulo) como inconsciente (sueños mojados) y en las mujeres se da la menarquia o primera regla menstrual. Todo esto genera un cambio de conducta (un cierto distanciamiento entre varones y mujeres), ya que el púber siente miedo e inseguridad por los cambios físicos y fisiológicos por los cuales está atravesando.

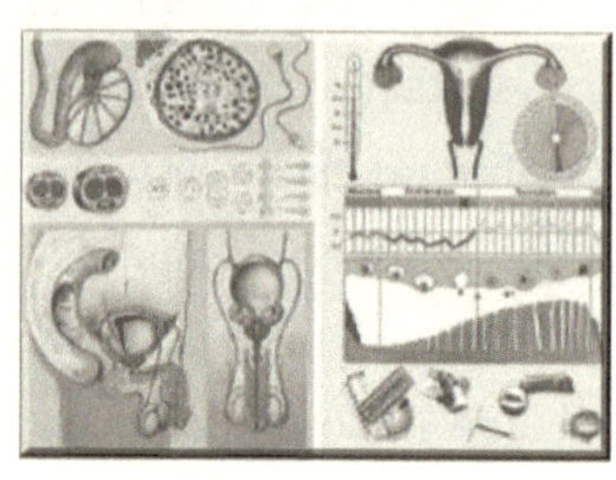

En la pubertad los deseos sexuales se dirigen preferentemente a las personas del otro sexo que reúnen determinadas cualidades físicas, pero siempre matizadas por algunas condiciones espirituales que completan el sentimiento sexual. Esta es la clave de la evolución del ser humano.

ADOLESCENCIA

El distanciamiento que se da entre varones y mujeres en la pubertad es superada en la adolescencia propiamente dicha, porque empiezan a salir juntos. Los adolescentes siempre tratan de impresionar a adolescentes del otro sexo.

Los muchachos adoptan una actitud de ostentación, de fuerza, de gallardía, de afán de lucirse, sobre todo si las chicas los están mirando. Las chicas, en cambio, están más interesadas en acentuar sus modales femeninos y se preocupan de su figura buscando desarrollar las artes para atraer la atención de los jóvenes.

El 100 % de los adolescentes varones tienen sueños eróticos y el 85 % culminan con el orgasmo y, por tanto, con la eyaculación; y el 70% de las

[100]

adolescentes mujeres tienen sueños eróticos y más de la mitad de éstas llegan al orgasmo.

EL AMOR COMO FUENTE DE PREOCUPACIÓN

El amor adolescente puede ser descrito como el tipo de amor idealizado (enamoramiento ciego), en el cual, se sobrevaloran las cualidades del ser amado, no se ven los defectos, sino solo lo que quiere ver la persona enamorada.

La persona amada se siente estimulada por esta alta valoración y trata de responder a este concepto. El enamorado, por otra parte, vive mostrando sus mejores cualidades, haciendo un esfuerzo que le 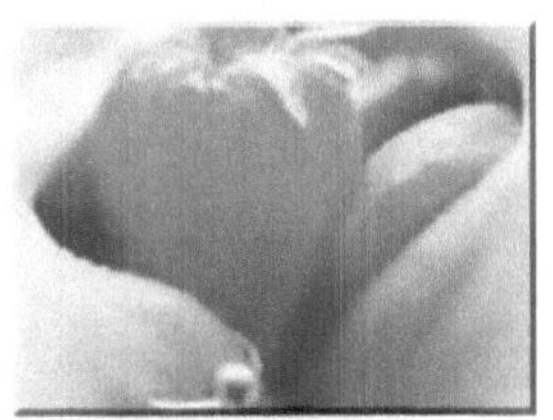 hace perder el sentido real de sus limitaciones y defectos.

Los impulsos sexuales que acompañan al amor adolescente alcanzan gran intensidad, especialmente en los muchachos y se expresan con una acentuación de la masturbación o contacto sexual transitorio.

El ejercicio de la sexualidad puede ser fuente de inmenso placer y expresión de sentimientos profundos, pero también, puede ser fuente de graves trastornos en la vida personal y social del individuo. En la misma medida en que el sexo es un vehículo para la comunicación entre seres humanos para la  entrega de amor y el sentir placer, puede también, ser un instrumento de explotación, abuso y sufrimiento.

La sexualidad implica por consiguiente, tanto un don de la naturaleza como una responsabilidad del ser humano.

La madurez sexual implica no solo poseer órganos genitales bien desarrollados, sino también tener la capacidad de dar y recibir amor.

ADOLESCENTES EMBARAZADAS

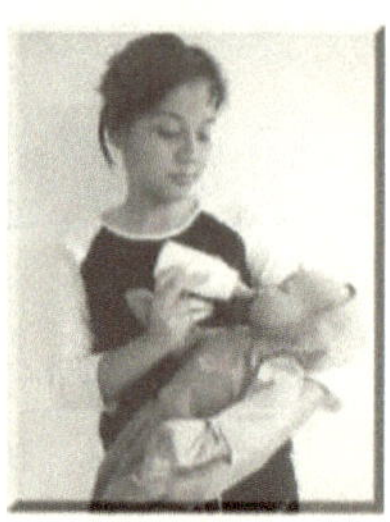

La problemática de las adolescentes embarazadas es una preocupación para la sociedad en general por el alto riesgo que representan como ser: El bajo peso del bebé al nacer, ciertas malformaciones, partos distócicos, anemia severa y otras patologías que aumentan la morbi-mortalidad matemo-infantil. El embarazo en adolescentes afecta el acceso a la enseñanza formal básica, ya que es causa de deserción escolar, quedando incompleta su instrucción elemental. La dificultad para retomar su instrucción primaria o secundaria se incrementa obviamente con el paso de los años y el aumento de responsabilidades en relación al hijo y al núcleo familiar.

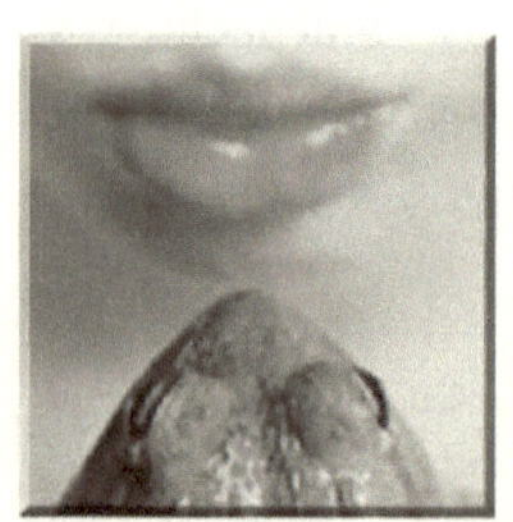

Estas jóvenes, también, tienen serias dificultades para ingresar al mercado de trabajo donde tienen baja o nula calificación. Esto trae aparejado una verdadera disminución en las oportunidades para lograr una mejor calidad de vida, ya que estas jóvenes han pasado a un estado de marginación social. Esto influye poderosamente en la formación y personalidad de la madre que busca definir su identidad y del hijo que capta los estados de ánimo de la madre.

Por lo general, las adolescentes embarazadas tienen problemas en sus estudios, provienen de familias fraccionadas donde existe violencia familiar, mucha presión en cuanto a sus estudios, a su formación moral y a su desarrollo personal.

LOS ADOLESCENTES Y LA PORNOGRAFÍA

Hoy en día la masificación de los medios de comunicación permite que los adolescentes puedan tener un acceso directo y fácil a material pornográfico, fundamentalmente a través del Internet en los cuales existen sitios y publicaciones clandestinas donde se muestran a hombres, mujeres y niños(as), que es lo más grave, en poses pornográficas.

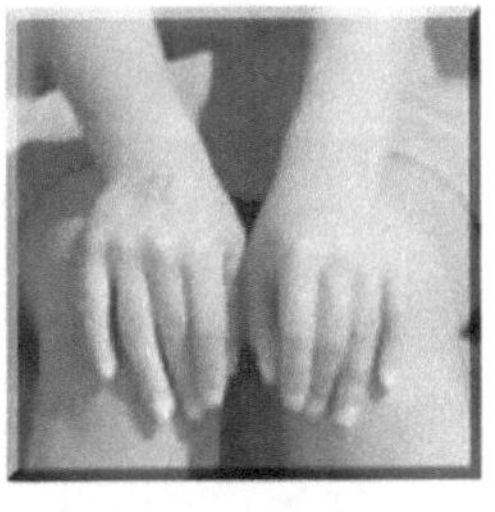

La pornografía en nuestra sociedad es mucho más accesible de lo que pensamos, porque se venden públicamente revistas pornográficas, se ofrecen servicios y productos eróticos. En los periódicos, la televisión y el cine se pueden apreciar películas comerciales donde los personajes están casi siempre semidesnudos.

Por todo esto, es importante recordar fundamentalmente a niños, adolescentes y jóvenes que todo tiene su momento y su lugar, no es bueno apresurarse; ya que si ven material pornográfico, solo destrozarán su alma y serán como una manzana podrida.

La pornografía genera en la persona las siguientes consecuencias:

- Vuelve a las personas violentas y son más propensas a cometer delitos sexuales.

- Hace que las personas se obsesionen con el sexo y las relaciones sexuales.

- Provoca violencia sexual contra las mujeres.

- Deshumaniza a las mujeres y a los hombres, perdiéndose el respeto correspondiente.

- Corroe el alma porque verán las cosas de diferente manera.

- Refuerza el hábito de desnudar a la gente con la imaginación o de recrear fantasías sexuales.

SEXO Y NORMAS SOCIALES

Las normas sociales regulan la convivencia de las personas que viven en una sociedad, regulan también su vida sexual, tanto en la manera como es vivida y sentida, como en la forma en que se manifiesta exteriormente la conducta sexual. Las normas llegan a configurarse como valores de una colectividad, por lo que generalmente son aceptados.

EDUCACIÓN SEXUAL

Es una alternativa en la formación integral de los niños y adolescentes que no solo imparte conocimientos necesarios sobre la sexualidad en sus aspectos físicos, psicológicos y sociales, sino fundamentalmente debe lograr la Identificación del individuo y capacitarlo para crear sus propios valores y actitudes que le permitan su autodeterminación y vivir su sexualidad de una manera sana, positiva, consciente y responsable dentro de su época, su cultura y su sociedad.

En cierta oportunidad un joven mecánico después de trabajar diez horas diarias en un taller ajeno, trabajaba en su casa hasta altas horas de la noche, con el propósito de construir un nuevo tipo de motor.

Su padre decía que estaba perdiendo el tiempo, los vecinos decían que era un pobre hombre. Todos se reían de él, excepto su esposa que creía en la capacidad creativa de su marido. Ella misma le ayudaba por las noches en aquella extraña empresa. Durante el tiempo del invierno ambos temblaban y quedaban morados por el frío de la noche. Así, siguió ese trabajo nocturno durante tres años.

Y poco antes de que el esposo cumpliera treinta años, en 1893, alarmó al vecindario con una serie de ruidos desconocidos. Todos salieron a ver que era y en la calle vieron a Henry Ford y su esposa avanzando en un coche sin caballos. Y aunque ese día no hicieron más que llegar a la esquina y volver, a partir de entonces nacía la maravilla del automóvil en los Estados Unidos.

La moraleja de esta historia es, que si el marido cuenta con el apoyo idóneo de la esposa (fundamentalmente) y los hijos, producto de un **desarrollo sexual** *adecuado, el matrimonio se fortalece, los hijos dan satisfacciones y existe un desarrollo personal de ambos esposos.*

Capítulo XI
ALTERACIONES Y DESVIACIONES SEXUALES

En cada fase de desarrollo psicosexual,  las fuerzas sociales represivas, los moldes culturales con normas de conducta inhibitorias, tanto dentro de la familia como fuera de ella, tienden a aumentar las presiones sociales que empujan a deformaciones en el comportamiento sexual.

Este desarrollo psicosexual determinará la aceptación o rechazo de sus sentimientos eróticos en desarrollo.

Si existe rechazo a los sentimientos eróticos, se ingresa sutilmente a las alteraciones y desviaciones sexuales.

ALTERACIONES SEXUALES

Son alteraciones sexuales aquellas que imposibilitan la práctica del acto sexual normal en forma sistemática y natural. Entre éstas tenemos:

1. FRIGIDEZ

Es la alteración sexual que implica la ausencia de deseo sexual (ausencia de libido) que puede ir desde la indiferencia completa hasta la aversión y hostilidad con respecto al acto sexual. Esta alteración sexual deriva de una educación sexual equivocada basada en concepciones religiosas y moralistas que hacen ver al acto sexual como un pecado, como algo sucio, viéndolo como un sacrificio y no como una realización y entrega mutua.

También, se da por una educación donde se jerarquiza la espiritualidad del amor y no el amor en su amplio sentido, incluyendo su expresión física.

La desarmonía familiar, las escenas conyugales violentas, el excesivo consumo de bebidas alcohólicas por uno de los esposos, venganza por la infidelidad del marido, miedo a contraer una I.T.S., etc., originan esta alteración.

2. VAGINISMO

Es la alteración sexual que implica una hipersensibilidad de los músculos de la vagina, que provoca un excesivo dolor al momento de realizar el acto sexual.

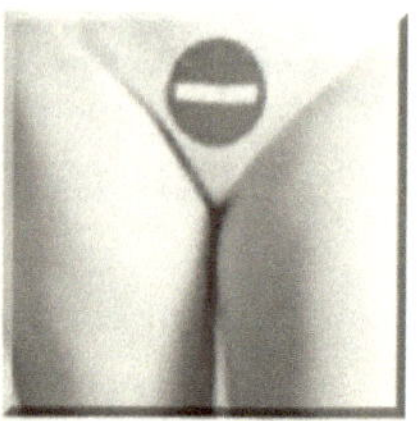

3. NINFOMANÍA

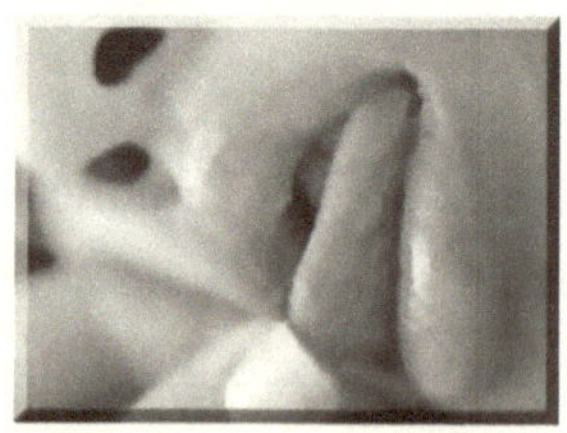

Es la alteración sexual que implica un excesivo apetito sexual por parte de una mujer que busca experiencias sexuales sin freno alguno, con el propósito de buscar orgasmos y placer. Este tipo de alteración origina la prostitución voluntaria.

La ninfomanía es de origen psicológico, ya que tiende a

compensar la privación sexual que sufrió en el pasado y la necesidad de ser amada y aceptada.

4. IMPOTENCIA SEXUAL

Es la alteración sexual que implica la incapacidad masculina de procurar a la mujer una plena satisfacción sexual. Esta se clasifica en: impotencia por falta de apetito sexual, impotencia por falta de erección e impotencia por falta de eyaculación.

5. SATIRIASIS

Es la alteración sexual que implica un desee sexual incontrolable y excesivo por parte de varón. Tiene similar origen que la ninfomanía.

DESVIACIONES SEXUALES

Las desviaciones sexuales son aquellas en las que existe una práctica anómala del acto sexual.

Toda relación sexual tiene un objeto y un fin determinado. El objeto es aquello que ejerce la atracción sexual, es decir, la pareja del otro sexo y el fin es el acto sexual al cual tiende el instinto sexual.

a) DESVIACIONES SEXUALES CON RESPECTO AL OBJETO SEXUAL.

1. PEDOFILIA

Es la desviación sexual en la que los adultos obtienen placer erótico en las relaciones sexuales con los niños.

Las prácticas pedofílicas incluyen también la exhibición de los genitales del niño, su manipulación y posible penetración.

La causa de la pedofilia es el temor al fracaso de las relaciones sexuales con adultos, por lo cual se inclinan por los niños.

2. ZOOFILIA

Es la desviación sexual que implica la práctica de relaciones sexuales con animales. Es de tipo psicológico y ocasional.

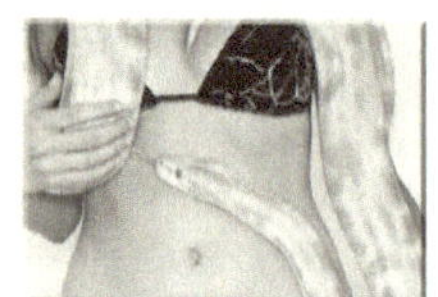

3. NECROFILIA

Es la desviación sexual que implica tener relaciones sexuales con un cadáver. Tiene características psicopáticas.

4. FETICHISMO

Es la desviación sexual que implica concentrar los impulsos sexuales en un símbolo sexual como objeto básico de su amor que le produce placer, que puede acariciarse, contemplarse o usarse en actividades masturbatorias. Estos objetos pueden ser prendas íntimas, pañuelos, guantes, fotos, cabellos, etc.

[110]

5. GERONTOSEXUALIDAD

Es la desviación sexual que implica el sentir atracción sexual hacia una persona de edad avanzada. Es de origen psicológico porque el deseo sexual se funda en una búsqueda de un sustituto paterno.

b) DESVIACIONES SEXUALES CON RESPECTO AL FIN SEXUAL

1. FROTEURISMO

Es la desviación sexual que consiste en frotar los genitales contra una mujer y solo de ese frotamiento obtener el orgasmo, convirtiéndose en el único fin sexual. No se busca el coito porque el individuo que padece esta desviación se siente poco atractivo e inadecuado para tener una relación sexual con una mujer adulta.

2. VOYEURISMO

Es la desviación sexual que implica el sentir placer sexual, seguida muchas veces de orgasmo, observando actos sexuales ajenos, personas desnudas y objetos eróticos.

3. EXHIBICIONISMO

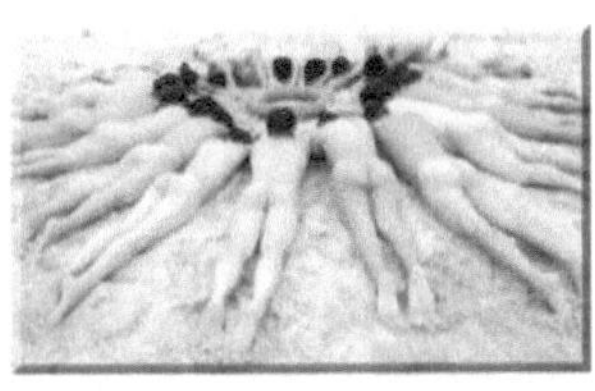

Es la desviación sexual que consiste en exponer públicamente o no los genitales a una víctima sin su consentimiento, siendo casi exclusivamente masculina y que tiene por objeto obtener una reacción emocional intensa de la figura femenina (horror, disgusto o excitación), a la cual no puede imponer otra forma de relación sexual.

4.TROILISMO

Es la desviación sexual que implica compartir el compañero sexual con otra persona mientras lo observa. Generalmente, se da a partir de dos parejas que tienen relaciones sexuales al mismo tiempo o en la presencia de otros.

5. TRAVESTISMO

Es la desviación sexual que implica sentir una gran satisfacción sexual o excitación por el hecho de vestir con ropa del otro sexo. Su origen se da generalmente en la niñez provocada por el rechazo paternal al sexo del niño.

6. SADISMO

Es la desviación sexual que consiste en provocar daño o dolor al objeto sexual. Las acciones típicas del sádico son: azotar, pellizcar, morder, golpear, amenazar y abofetear. Es más característico del hombre.

7.MASOQUISMO

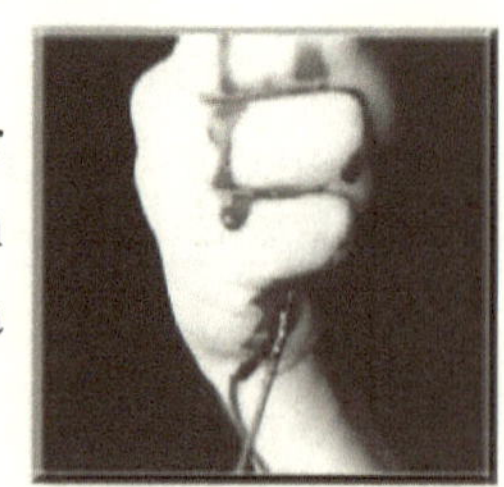

Es la desviación sexual que implica recibir daño o dolor de la pareja sexual ya que sienten la necesidad de ser dominados(as) por la pareja. Es característico de las mujeres.

8.SADOMASOQUISMO

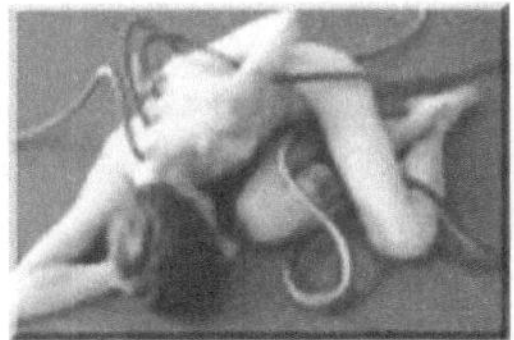

Es la desviación sexual que implica sentir un gran placer provocando dolor y sufrimiento a la pareja, pero a la vez recibiendo castigos, maltratos y vejaciones.

Es una combinación de las dos anteriores.

CAUSAS

Las principales causas son:

-Una educación sexual deficiente.

-Maltrato y violencia sexual por parte de los padres o algún familiar.

-No prestar importancia a los problemas e inclinaciones sexuales de los hijos.

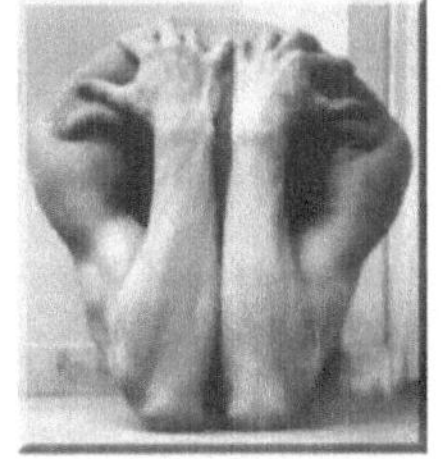

-Burlarse del sexo del hijo o hija o sufrir vejámenes por los propios padres.

-Hacer ver todo lo relativo al sexo y sexualidad, como algo sucio y pecaminoso.

-Utilizar frases ofensiva como: "Ojala que hubieras nacido mujer o viceversa", "Ojalá te mueras, porque eres un marica", "Si te han violado es por tu culpa", "Con la traza que tienes ningún borracho se enamorará de ti".

-Violaciones. Negociar por dinero la violación de un hijo solo por guardar las apariencias.

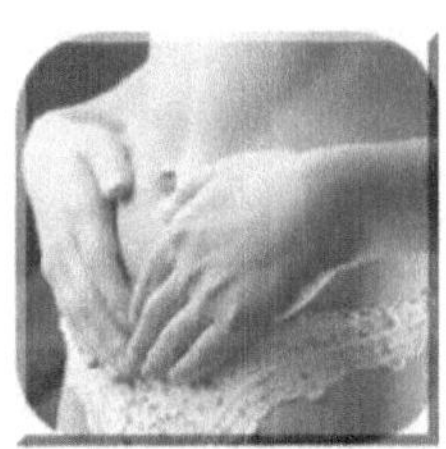

-Facilidad para obtener material pornográfico.

-Vivir en medio de bares y lenocinios.

-Vivir en un solo ambiente, donde los padres no tienen pudor y tienen relaciones sexuales delante de los hijos.

-Vivir con padres homosexuales, travestís, transexuales, bisexuales, sádicos, ninfómanas, sátiros, etc.

CONSECUENCIAS DE LA INSATISFACCIÓN SEXUAL EN LOS ADOLESCENTES

Entre estas tenemos: La masturbación, violaciones, homosexualidad, prostitución, uso de material pornográfico, fetichismo, exhibicionismo, infidelidad, rapto, matrimonios precoces, embarazos no deseados, contagio de I.T.S., acoso sexual escolar, depresión y suicidio.

PARA QUE ENTIENDAS MEJOR...

Se abusó sexualmente de mí a los 14 años. Sucedió cuando estaba en una feria. Un muchacho de mi colegio se me acercó me dijo: "Necesito hablar contigo, ven conmigo por unos minutos Nunca sospeche nada, porque este muchacho era mi amigo y siempre era muy agradable. Dimos una larga caminata y terminamos en las tribunas de mi colegio. Fue ahí donde me forzó y violó.

Me dijo todo el tiempo: "Si se lo dices a alguien, nadie te creerá. De todos modos tú querías que esto sucediera". También me dijo que mis padres se avergonzarían de mí. Lo mantuve en secreto durante dos años.

Finalmente, estaba asistiendo a una sesión de ayuda en donde personas que sufrieron abusos contaron sus anécdotas, y de pronto, una muchacha se paró y narró una historia similar a la mía. Cuando dijo el nombre del muchacho que abuso de ella, comencé a llorar, porque era el mismo que me había violado. Resultó que éramos seis las que fuimos víctimas de él.

La moraleja de esta historia es, que si a una persona le sucede un hecho similar, tiene que saber que no es su culpa y la verdad debe ser dicha. El contar a alguien de confianza tu problema hará que la carga que llevas sea menos pesada y ese es el primer paso para curar y perdonar.

Capítulo XII
LA HOMOSEXUALIDAD

"Lo que duele no es ser homosexual, sino que siempre te lo echen en cara como si fuera una peste".

Chavela Vargas

La sociedad tiene una concepción equivocada sobre los homosexuales, por eso, muchas veces los discrimina y los maltrata; pero, como seres humanos, también tienen derecho a sentir, amar, vivir y ser felices.

Tienen derecho a ser ellos mismos y no es justo que se escondan bajo el manto protector de una familia heterosexual, solo para salvar las apariencias, viviendo su homosexualidad de manera clandestina y avergonzada.

CONCEPTO

La homosexualidad es la tendencia por la cual una persona siente atracción sexual hacia otra persona de su mismo sexo.

Actualmente es signo de modernidad, tolerancia e intelectualidad declarar que la homosexualidad es algo natural.

Se debe respetar las preferencias sexuales de las personas, porque de no ser así, los estaríamos discriminando, y eso va en contra de las normas.

LA HOMOSEXUALIDAD Y SU ORIGEN

El homosexual nace y se hace.

EL HOMOSEXUAL NACE

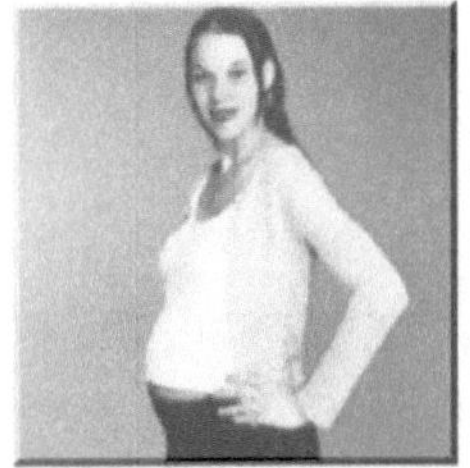

El homosexual nace por cuestión de herencia, ya que por jugadas de la naturaleza un varón nace con los cromosomas XXY, siendo lo normal los cromosomas XY y las mujeres nacen con los cromosomas XXX, siendo lo normal los cromosomas XX. Este hecho predispone a la persona para que pueda inclinarse hacia la homosexualidad.

EL HOMOSEXUAL SE HACE

El homosexual se hace por cuestión del medio ambiente, ya que determinadas situaciones predisponen a las personas hacia la homosexualidad. Así, por ejemplo, la influencia negativa del medio familiar (el padre un asesino y la madre una prostituta), medio social (amigos antisociales y bebedores consuetudinarios), medio cultural (escasa formación de los padres e hijo iletrado) y medio físico (vivir en medio de bares, cantinas y prostíbulos).

CLASES DE HOMOSEXUALIDAD

Entre éstas podemos mencionar: La homosexualidad absoluta, la homosexualidad anfígena y la homosexualidad ocasional.

a) HOMOSEXUALIDAD ABSOLUTA

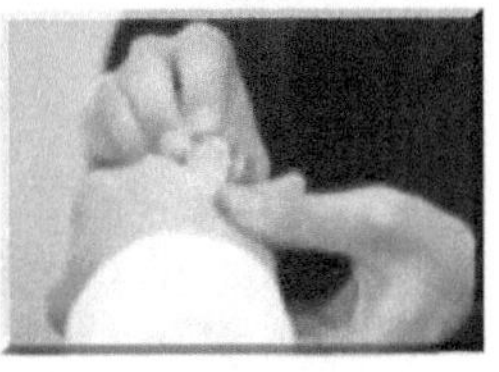

Es aquella desviación sexual que implica que el objeto sexual es siempre una persona del mismo sexo, pudiendo sentir indiferencia o repulsión por el sexo opuesto.

b) HOMOSEXUALIDAD ANFÍGENA

Es aquella desviación sexual que implica que el objeto sexual es una persona de uno u otro sexo en forma alternativa e indistinta. El homosexual puede ser casado e inclusive tener hijos y, al mismo tiempo, tener relaciones sexuales con otra persona de su mismo sexo.

c) HOMOSEXUALIDAD OCASIONAL

Es aquella desviación sexual que implica que el objeto sexual es una persona del mismo sexo, pero, es determinado por condiciones exteriores, ajenas a la verdadera necesidad del sujeto. Este tipo de homosexualidad se da en las cárceles, cuarteles, internados, liceos, etc.

SOCIEDAD Y HOMOSEXUALIDAD

La sociedad conoce poco de los homosexuales, por lo cual se encierra en ciertos prejuicios, ya que se considera al homosexual enfermo, depravado y portador de Infecciones de Transmisión Sexual, no tomando en cuenta que muchos de ellos trabajan, como grandes estilistas, como  famosos diseñadores de modas, como grandes chefs, etc., con derechos y obligaciones como cualquier persona.

[118]

En la actualidad, muchos homosexuales hablan abiertamente de su vida sexual, dejando de lado el anonimato, amparándose en la Declaración Universal de los Derechos del Hombre y del Ciudadano, la que a su vez se constituye en el pilar de casi todas las constituciones del mundo.

EL ADOLESCENTE Y LA HOMOSEXUALIDAD

En la adolescencia no existe una orientación sexual definida, solo hay experiencias homosexuales y cierta curiosidad por estas inclinaciones, por lo cual el adolescente experimenta una gran angustia.

Esta angustia genera en algunos casos depresión, drogadicción, alcoholismo, prostitución e incluso suicidios. Por estas razones, los adolescentes deben recibir en el seno familiar amor y la oportunidad de llevar una vida sexual sana e integral, y si el caso lo amerita comprensión, porque nadie está libre de tener un(a) hijo(a) o hermano(a) homosexual.

Es en la adolescencia cuando las personas definen su inclinación sexual, y por tanto, es tarea de los padres ayudarlos a enfrentar esta problemática social, ya que debe estar preparado para un mundo que discrimina a las personas con características homosexuales.

ACTITUD DE LOS PADRES FRENTE A LOS HIJOS

Es muy importante que el adolescente sienta el apoyo de los padres sea cual fuese su tendencia sexual; ya sea que dude sobre su sexualidad o sepa que realmente es

homosexual.

Es deber de los padres, mostrarles cariño y hacerles saber que no deben sentirse diferentes por su inclinación sexual, ya que la orientación homosexual no es un desorden mental y tampoco es por decisión propia.

Todo esto, porque los adolescentes homosexuales pueden aislarse socialmente, separarse de las amistades y los amigos, perder su autoestima y sufrir una fuerte depresión.

Los padres y otras personas necesitan estar atentos a estas señales de angustia, ya que estudios recientes demuestran que entre los adolescentes homosexuales y lesbianas existe un alto índice de muertes por suicidio.

CAUSAS

- Una educación sexual deficiente.

- La soledad y la tristeza.

- Los profundos sentimientos de culpa y la falta de auto aceptación.

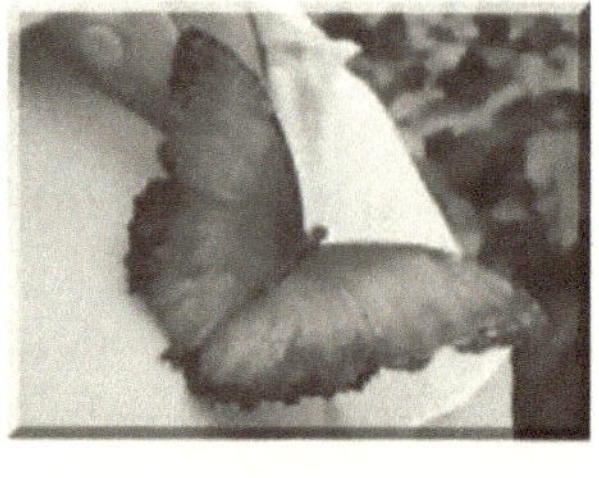

- La desconfianza y el miedo.

- El narcisismo.

- El excesivo sentimiento de responsabilidad.

- La excesiva sobreprotección de los padres.

- El maltrato sexual en la niñez.

- Falta de modelos sexuales

adecuados (de varones y de mujeres) a imitar.

- Experiencias amorosas negativas.

- Reclusión de hijos(as) en internados, cuarteles, cárceles o liceos de solo hombres o de solo señoritas.

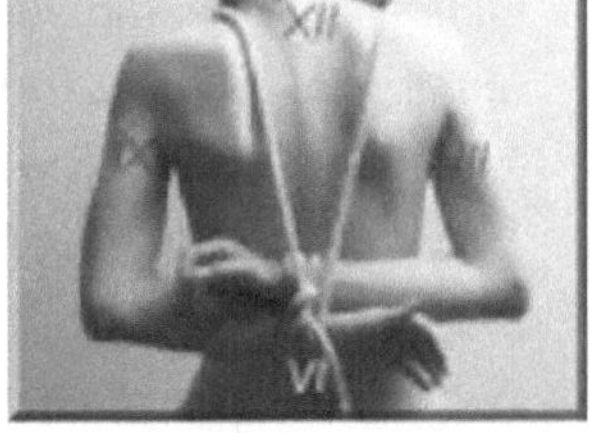

- Violencia familiar y discriminación sexual.

- Familias machistas o feministas.

- Imitar vivencias y modelos erróneos de artistas homosexuales de renombre.

CONSECUENCIAS

- Discriminación.

- Marginación y aislamiento social.

- Sentimientos de culpa.

- Suicidio.

- Depresión y angustia.

- Rechazo de la familia y seres queridos.

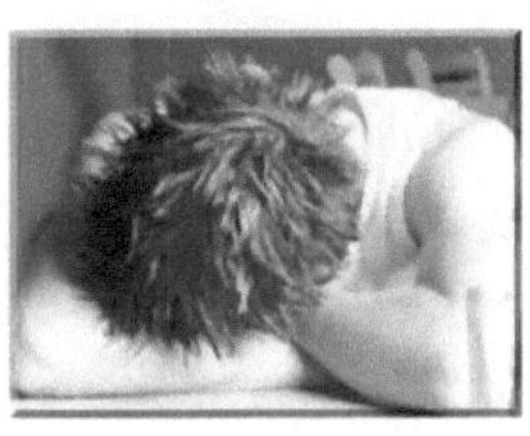

- Ser objeto de burla por parte de sus pares.

- Contagio de Infecciones de Transmisión Sexual.

- Baja autoestima.

- Trastornos de personalidad.

PARA QUE ENTIENDAS MEJOR...

En cierta ocasión un adolescente de 18 años conoció a una señorita muy agraciada y simpática de 17 años, de quién se enamoró. Empezaron a salir juntos, con el consentimiento de sus padres, porque el joven siempre la llevaba a su casa de manera puntual y la muchacha siempre se mostraba muy educada con los padres del muchacho. Enamoraron por el lapso de 2 años, cuando para los dos enamorados el darse un besito de pajarito o agarrarse de la mano era como estar en el cielo. Después de este tiempo, decidieron casarse con el consentimiento de los padres. Se realizó la boda con mucha pompa, una gran fiesta y todos felices; pero cuando llegó la luna de miel, ¡Sorpresa! La muchacha no era muchacha sino muchacho. Es por eso que los padres del joven decidieron pedir la nulidad del matrimonio por no existir diferencia de sexos. En cambio, los otros padres dijeron que conocían de la situación de su hijo(a), pero, como padres liberales aceptaron que tenga una relación con un muchacho, porque toda su estructura mental era la de una mujer, era por cuestión de herencia.

La moraleja de esta historia es, que nadie decide ser homosexual, porque a veces, se da por jugadas de la naturaleza (herencia) y, a veces, por influencia del medio (violencia sexual, abuso sexual, discriminación, traumas, reclusión en internados, etc.). Por todo esto, es muy discutible discriminar a un homosexual por su condición, porque nadie está libre de pasar por esta situación ya sea de manera directa o indirecta.

Capítulo XIII
LA PROSTITUCIÓN

La prostitución es el oficio más antiguo del mundo, siempre ha existido y seguirá existiendo porque, según Freud, el hombre es un ser sexual que tiene la necesidad de canalizar sus impulsos sexuales.

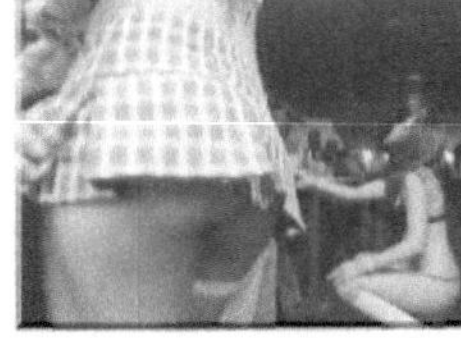

La prostitución no es propia de las mujeres, sino, últimamente, con los movimientos feministas, también de los varones.

CONCEPTO

La prostitución es aquella actividad comercial por la cual una persona tiene relaciones sexuales con otra persona de igual o de diferente sexo a cambio de un

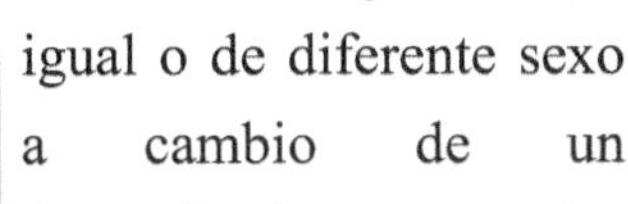

determinado monto de dinero, especie o una dádiva; es decir, que la persona que se prostituye alquila su cuerpo por un tiempo determinado a cambio de una remuneración.

La prostitución no es una expresión de amor, ya que se caracteriza por la dominación y posesión del que paga; este hace lo que quiere con el cuerpo de la mujer o del varón, de la niña o niño.

SOCIEDAD Y PROSTITUCIÓN

La práctica de la prostitución es rechazada por la sociedad, deja al margen a quienes la ejercen, por lo que se tiende a disfrazar el comercio sexual con otras actividades anexas.

La prostitución siempre ha sido perseguida por constituir una humillación a la dignidad de las personas y por favorecer a la propagación de las Enfermedades de Transmisión Sexual, 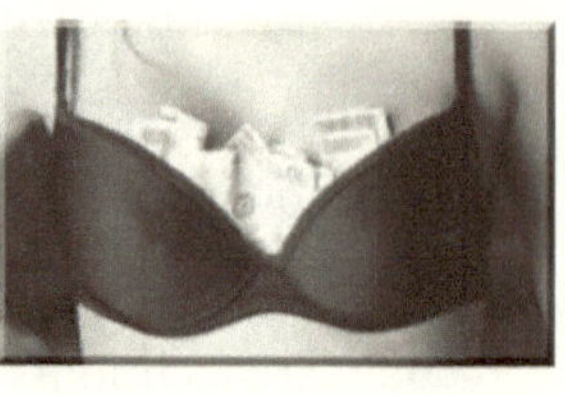 además de transgredir los valores morales de una sociedad.

DEPRESIÓN Y ADOLESCENCIA

 La depresión es un estado de ánimo que se da con frecuencia en la adolescencia y se expresa a través del desaliento, tristeza, baja autoestima, rebeldía, impotencia ante los problemas, sobrestimación exagerada, aislamiento, hiperactividad y rápidos cambios de humor. Esta depresión adolescente suele ser transitoria; sin embargo, se debe tener cuidado cuando la depresión es permanente, se la puede considerar como una patología.

La vulnerabilidad característica de la personalidad de toda adolescente y mucho más si está deprimida, sumada a la ingenuidad de creer en la posibilidad de ganar dinero muy pronto y de manera aparentemente fácil, hace que niñas y adolescentes sean engañadas por gente inescrupulosa quienes les prometen iniciarlas en el soñado mundo de las modelos profesionales, pero, lamentablemente, solo ingresan al mundo de la prostitución.

FAMILIA, ADOLESCENCIA Y PROSTITUCIÓN

La familia como institución social caracterizada por el amor, comprensión y apoyo, juega un papel importante en el normal desarrollo del adolescente; pero, cuando la familia se caracteriza por la presión, por el excesivo control, por la falta de cariño, por el consumo de bebidas alcohólicas, por las  excesivas exigencias en el rendimiento escolar, por la discriminación sexual, por la violencia familiar, etc., esa familia se convierte en un medio negativo y hostil para el adolescente, quien busca salidas alternativas a su frustración introduciéndose, muchas veces, en la delincuencia, consumo de drogas, alcoholismo, suicidio y la prostitución.

Entre estas familias tenemos:

1. Familias violentas: Son familias que se caracterizan por el maltrato existente y/o abuso sexual o incesto, por lo cual las adolescentes huyen de sus casas. 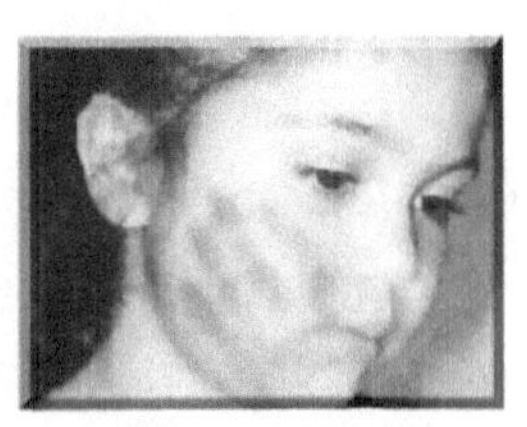

2. Familias desintegradas: Son familias que se caracterizan por la ausencia del padre o de la madre (por muerte, abandono, separación, enfermedades, etc.), que genera abandono y falta de cariño en la familia, porque no existen modelos (de padres) que imitar. 

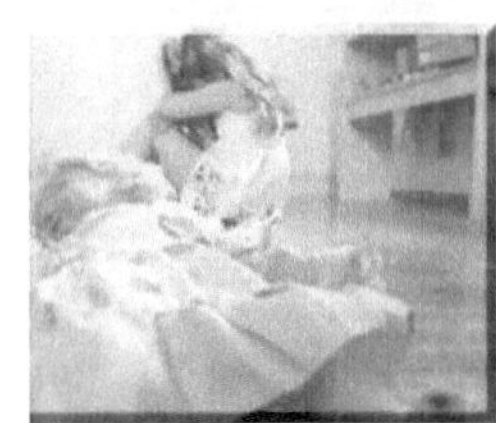

[125]

3.Familias autoritarias: Son familias que se caracterizan por la represión, control, discriminación, sufrimiento y explotación de los hijos por parte del autoritarismo abusivo del padre o de la madre o de ambos. El padre o los padres manejan a sus hijos a su voluntad, de acuerdo a las ideas (generalmente prejuiciosas) que tienen.

4. Familias negligentes: Son familias que se caracterizan por el desentendimiento y abandono de los padres con respecto a sus hijos, es decir, que los dejan a su suerte. Esto puede ser por abandono, viaje, muerte de uno o ambos padres. 

5. Familias explotadoras: Son familias que se caracterizan por la coacción (obligan) de los padres y hermanos hacia algunos miembros de la familia para que se prostituyan. Son familias donde la madre o las hermanas están en el mundo de la prostitución. 

DESERCIÓN ESCOLAR

Estadísticamente está demostrado que las adolescentes que tienen bajo rendimiento escolar o que abandonan sus estudios son más propensas a incurrir en la prostitución. En primera instancia, son presionadas en demasía por los padres debido a sus bajas notas o porque perdieron el año en la gestión anterior, haciendo que la familia sea un medio hostil y negativo. Esto genera, muchas veces, que la adolescente tome decisiones equivocadas como el de huir de casa, para luego 
ser inducida por proxenetas o madamas (que las cobijan en primera instancia) al mundo de la prostitución.

Es importante puntualizar que el estudio es importante, pero, los hijos son mucho más. La ayuda, la orientación y las muestras de cariño funcionan mejor que la presión y la represión.

CAUSAS

Las principales causas para que exista la prostitución son:

- Extrema pobreza.

- Fraccionamiento de la familia.

- Niños de la calle y en la calle.

- Muerte de los padres.

- Disfunciones sexuales como la satiriasis y la ninfomanía.

  Tráfico de menores.

- Falta de valores.

- Bajo rendimiento escolar.

- Pérdida de autoestima.

- Violencia familiar.

- Presión social.

- Traumas.

- Experiencias negativas en el orden sentimental.

- Antecedente de violación.

- Presión de terceras personas.

- Trabajos informales.

- Tener amigos drogadictos, ladrones o prostitutas.

- Padres drogadictos.

- Crianza por parte de terceros (tíos, padrastros, abuelos o tutores).

CONSECUENCIAS

Las principales consecuencias de la prostitución son:

- Discriminación y exclusión social.

- Explotación y pérdida de valores.

- Aislamiento de la familia.

- Contagio de Infecciones de Transmisión Sexual.

- Tendencias agresivas y violentas.

- No existe un proyecto de vida.

- Excesiva desconfianza.

- Tendencias autodestructivas.

- Baja autoestima.

- Delincuencia y marginalidad.

- Alcoholismo, tabaquismo y drogadicción.

- Pérdida de valores en cuanto al papel del varón y de la mujer en la familia y la sociedad.

- Tráfico de menores.

- Secuestros (trata de blancas).

- Corrupción.

- Clandestinidad y condiciones infrahumanas.

PERFIL PSICOLÓGICO DE LA TRABAJADORA SEXUAL

La prostituta o trabajadora sexual se siente simplemente un objeto sexual, por lo que su autoestima es baja, deja de quererse, descuida su apariencia personal, llegando a deprimirse a tal punto que incluso puede llegar a graves y profundos trastornos, la locura e incluso el suicidio.

Las trabajadoras sexuales son explotadas por los proxenetas, los cuales las explotan, las golpean y las obligan a tener relaciones sexuales con ellos. También son chantajeadas y extorsionadas por sus proxenetas o madamas quienes las amenazan con mandar fotos a sus familiares, atentar contra la integridad de sus hijos o victimarlas, sin dejar de lado el hacer a la trabajadora sexual dependiente; por lo cual, la inducen, primero, al consumo de alcohol, para luego, introducirla al mundo de las drogas. Por todo esto, la prostituta vive sobresaltada y angustiada.

PARA QUE ENTIENDAS MEJOR...

En cierta oportunidad un instructor de la academia de policías que era psicólogo a la vez, lleva a sus alumnos (cadetes de cuarto año) a un tercer piso de un edificio, donde había una sala grande y les dice: "¿Ven esa puerta que está al fondo?" y todos responden que sí. El instructor les dice: "Saben jóvenes detrás de esa puerta hay un cuarto oscuro, donde se encuentra una mujer que sabe lo que tiene que hacer y necesito un voluntario que entre a ese cuarto, ¿Quién se ofrece?". Todos dijeron ¡yo!, ¡yo!, ¡yo!, pero el instructor eligió al más indisciplinado quien también, quería ingresar y entró. Al cabo de unos 20 minutos salió este cadete y todos le preguntaron ¿Cómo te fue? y él con su vanidad de hombre respondió: "¡Muy bien!, ¡Excelente!, Solo que el cuarto estaba oscuro". Y es, entonces, que el instructor se le acercó y le dijo mirándole fijamente a los ojos ¿Y qué es lo que habrías hecho, si hubiese sido tu hermana? Todos se callaron y simplemente se miraron entre sí.

El instructor, con esto, que había sido planificado, les quiso dar a entender que uno no debe hacer lo que no quiere que le hagan; no solo a uno, sino también, a sus hermanos(as), a sus padres, esposo(a) e hijos(as).

Capítulo XIV
INFECCIONES DE TRANSMISIÓN SEXUAL

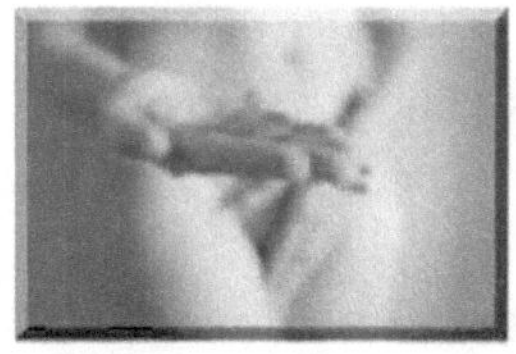

La existencia de las Infecciones de Transmisión Sexual representa, hoy en día, una amenaza constante y oculta que asecha a los incautos e ignorantes. Las I.T.S. son un problema de salud y pueden ocasionar muchos problemas familiares.

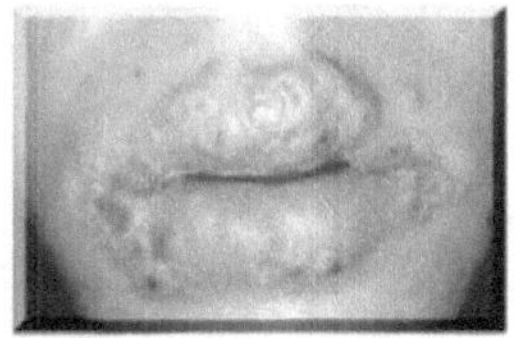

Estas infecciones también llamadas venéreas son engañosas, porque muchas veces la persona infectada, no presenta ningún síntoma o signo, ni malestar alguno, hasta varias semanas o meses después de haber tenido el contacto sexual, atacando a hombres y mujeres que tienen relaciones sexuales sin protección o que, en el caso del SIDA, no han tomado las previsiones correspondientes: con jeringas, transfusiones de sangre, objetos punzo cortantes, ni en los periodos de embarazo, parto y lactancia.

Las I.T.S. son producidas por bacterias, virus, protozoos, hongos y parásitos. Existen tratamientos médicos para curar esta clase de infecciones, a excepción del SIDA que es incurable.

CLASES DE INFECCIONES DE TRANSMISIÓN SEXUAL

GONORREA

Provocado por la bacteria Neisseria gonorrhoeae, tiene un periodo de incubación de 2 a 17 días.

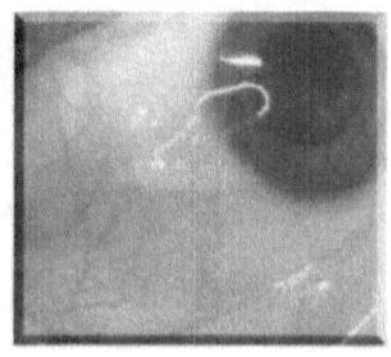

Genera esterilidad, parto prematuro, uretritis, epididimitis, cervicitis, faringitis, endometritis, conjuntivitis y vaginitis. Las mujeres embarazadas con gonorrea pueden transmitir la infección al recién nacido durante el parto, produciéndose infecciones en los ojos, aparato respiratorio, ano y vagina.

CHANCRO BLANDO

Provocado por la bacteria Hemophilus ducreyi, y tiene un periodo de incubación de 3 a 5 días. Genera úlceras dolorosas en los órganos genitales de los hombres y las mujeres.

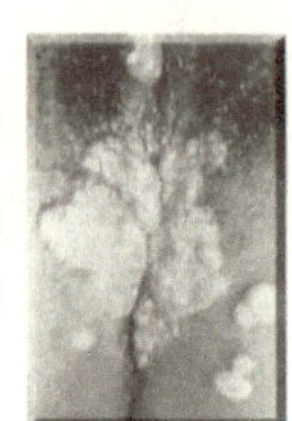

CLAMIDIA

Provocada por la bacteria Chlamydia trachomatis. Genera parto prematuro, uretritis, cervicitis, epididimitis, endometritis, bartolinitis, periheptitis, vaginitis, otitis en niños, neumonía, rinitis y faringitis.

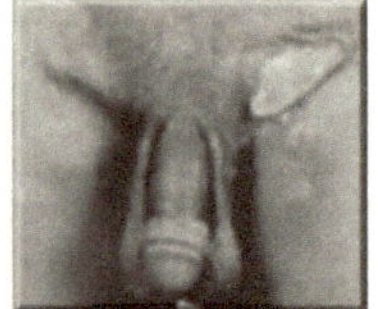

GARDNERELLA VAGINALIS

Provocada por la bacteria Gardnerella vaginalis, se da frecuentemente en las mujeres. Genera la vaginosis.

SÍFILIS

Provocada por la bacteria Treponema pallidum, genera úlceras genitales, enfermedades cardiovasculares, lesiones óseas y demencia. La mujer embarazada con sífilis puede transmitir esta

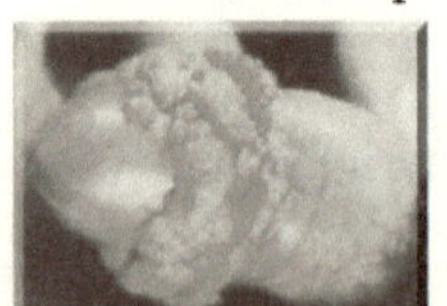

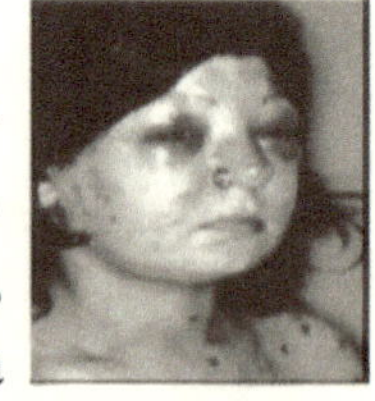

infección al feto, por lo cual, a menudo, se produce muerte fetal o muerte neonatal. También existen serias probabilidades de que los hijos nazcan ciegos, sordos y con retardo mental; y con anomalías en los huesos, paladar y dientes.

HERPES GENITAL

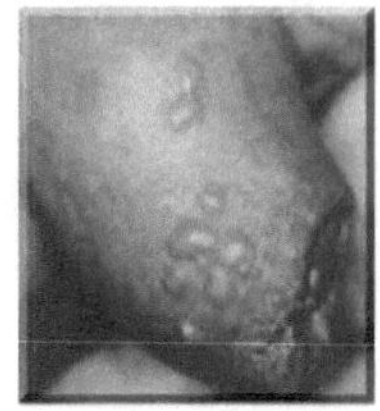

Provocado por el virus del Herpes simple, tiene un periodo de incubación de 2 a 20 días. Genera herpes neonatal, cáncer, meningitis, lesiones en la faringe y los genitales.

HEPATITIS B

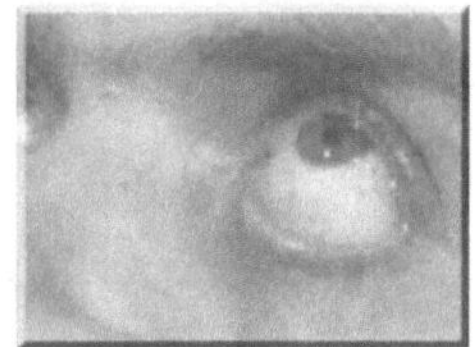

Provocada por el virus de la hepatitis B, genera infección en los riñones, cáncer del hígado y arteritis.

CONDILOMAS

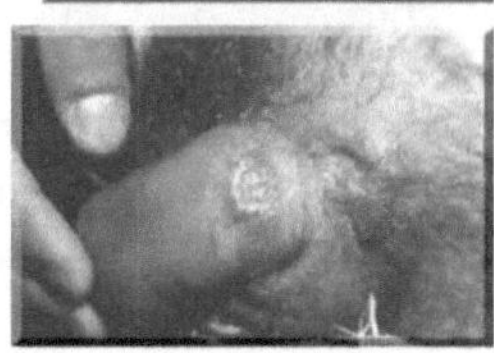

También llamados verrugas genitales, son provocados por el virus Papiloma genital. Genera cáncer vaginal, cáncer anal, cáncer de pene y verrugas en la laringe.

SIDA

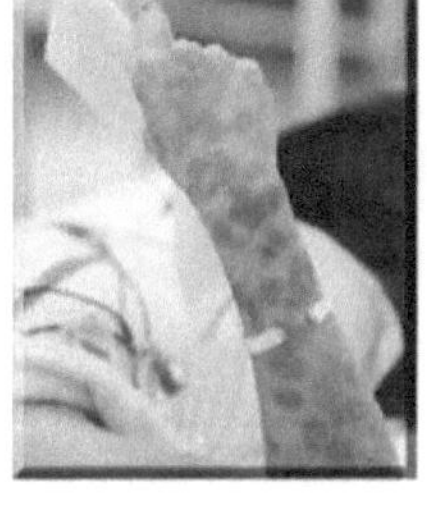

Provocado por el Virus de Inmunodeficiencia Humana (VIH), NO TIENE CURA y genera neumonía, diarrea, parálisis, ceguera, herpes, sarcoma de Kaposi, afecciones neurológicas, pérdida de peso, encefalitis, meningitis, tumores, cáncer, neumonía, estomatitis, esofagitis, etc.

TRICOMONIASIS

Provocada por el protozoo Trichomona vaginalis, aparece frecuentemente durante la vida reproductiva. Genera la vaginitis, la uretritis y la prostatitis.

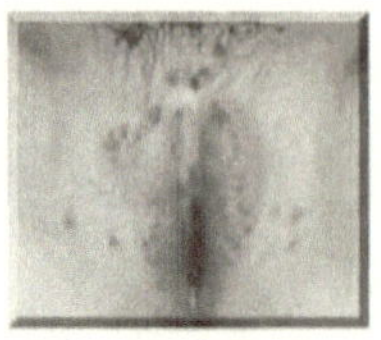

DONOVANOSIS O GRANULOMA INGUINAL

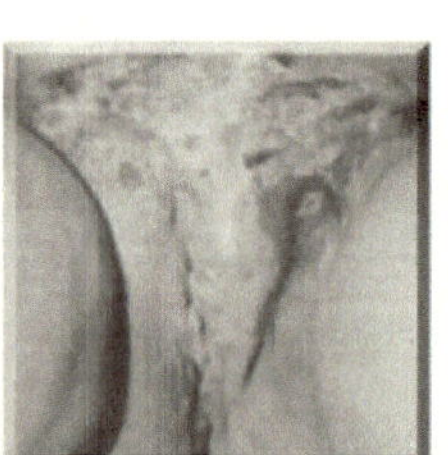

Provocado por la bacteria Calymmatobacterium granulomatis, tiene un periodo de incubación de 8 a 12 días. Se da, muy raras veces, en hombres y homosexuales; genera lesiones en el pene y en los labios de la vulva. También lesiones extragenitales en la cara, boca, cuello y otras. La evolución puede ser de dos meses y llevar a la muerte.

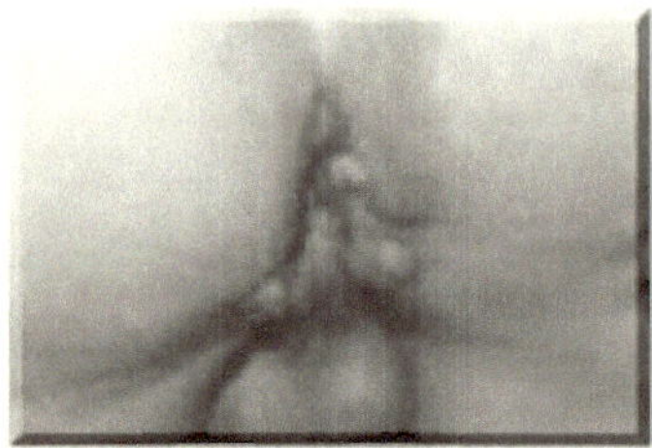

CANDIDIASIS VAGINAL

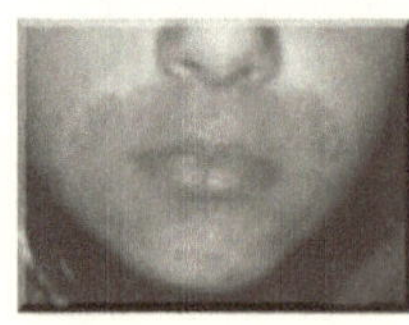

Provocada por el hongo Candida albicans, se da más frecuentemente en las mujeres, localizándose en la vulva, vagina y cérvix. Genera bulbo vaginitis.

SARNA

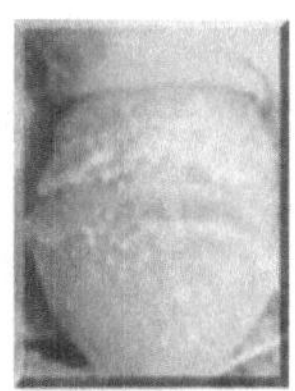

Provocada por el parásito Sarcoptes scabiel; genera como toda I.T.S., falta de apetito sexual.

FLUJOS VAGINALES Y URETRALES

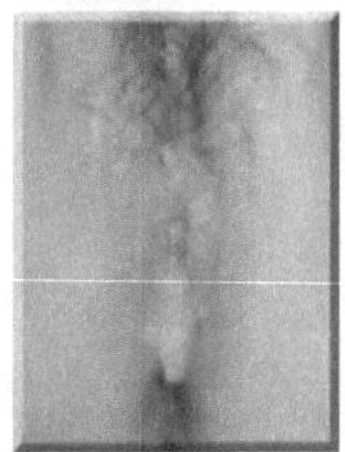

Los microbios que causan los flujos vaginales son los triconomas, las monilias, (hongos) y las bacterias.

Estos flujos vaginales presentan, muchas veces, un mal olor, son blanquecinas; por lo cual, generalmente, las mujeres consultan a un médico.

PEDICULOSIS PÚBICA O LADILLAS

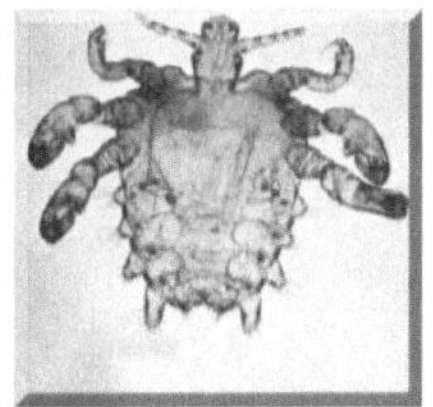

Provocada por el parásito Phithirius pubis (piojo del pubis), se transmite sexualmente y a través de ropa de cama, prendas íntimas, sábanas, etc., y, generalmente, es contraída por gente que tiene malos hábitos higiénicos. Genera Papilomatosis laríngea en el recién nacido al momento del parto.

SÍNTOMAS DE LAS I.T.S.

- Dolor y ardor al orinar.

- Aumento del deseo de orinar.

- Úlceras, llagas, ampollas o verrugas en los genitales.

- Picazón o ardor en los genitales.

- Fiebre y escalofríos.

- Erupciones inexplicables en la piel.

- Dolores de cabeza, náuseas y vómitos.

FORMAS DE CONTAGIO

Las I.T.S. se contraen a través de:

• Relaciones sexuales.

• Contacto de manos o boca con genitales.

• Recibir sangre contaminada a través de transfusiones, compartir agujas u otros instrumentos cortantes como hojas de afeitar, cortaúñas, agujas, cepillos de dientes, etc.

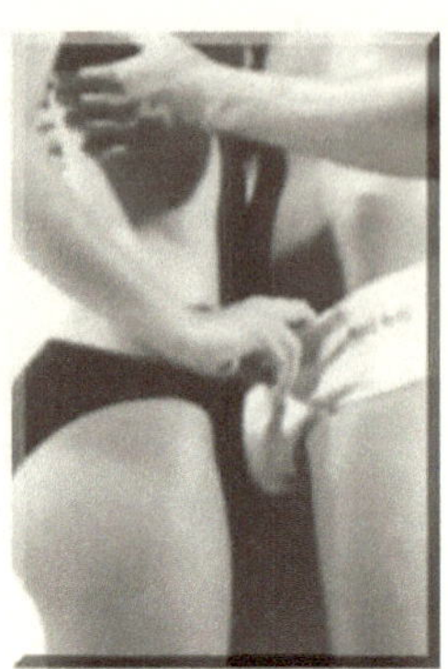

• Durante el embarazo, el parto o nacimiento de un bebé (lactancia).

• Besos, si existen ulceraciones en los labios y encías.

FACTORES DE PROPAGACIÓN DE LAS I.T.S.

Podemos mencionar las siguientes:

• El extraordinario movimiento de grandes masas de población en el mundo.

• El desconocimiento de la población e incluso de una buena parte del personal médico sobre la complejidad del diagnóstico y tratamiento de estas infecciones.

• Aumento de la libertad sexual por cambios en la moral y en las costumbres.

• La falta de centros específicos para este tipo de problemas.

TRATAMIENTO

El tratamiento para la cura de una I.T.S. es caro, en algunos casos es difícil su cura, y en el caso del SIDA es imposible.

El tratamiento debe hacerse en pareja, porque no sirve de nada hacerlo individualmente, ya que posteriormente será nuevamente contagiado por su pareja y este círculo vicioso nunca terminará y, más al contrario, el virus se hará cada vez más resistente a los medicamentos.

RECOMENDACIONES

Creemos que necesariamente se le debe dar una mayor importancia a las I.T.S. como problema de salud pública, dadas las repercusiones a nivel personal (físico, psicológico y económico), de pareja, familiar y social que traen consigo estos padecimientos.

También, se debe informar a toda la población sobre estos problemas, así como las medidas preventivas de higiene sexual que deberán llevar a cabo las personas activas sexualmente.

Entre las medidas preventivas que las personas deben tomar para evitar las I.T.S. tenemos:

- Evitar la promiscuidad sexual.

- Seleccionar adecuadamente a la pareja sexual.

- Utilizar el preservativo o condón durante el coito.

- Realizar una adecuada limpieza de los genitales después de cada relación sexual.

- Efectuar una revisión médica periódica de la salud integral del individuo incluyendo la esfera genital y ante cualquier alteración o sospecha de una I.T.S. acudir al médico especialista (ginecólogo o urólogo).

- Jamás automedicarse, ni aplicarse pomadas o ungüentos.

PERFIL PSICOLÓGICO

El sujeto que sabe, que es portador de una I.T.S. cambia de conducta, se deprime y baja su autoestima; ya que en él existen sentimientos de culpa, angustia y remordimientos por no haberse cuidado lo suficiente; por lo cual, se abstiene de tener relaciones sexuales por temor a contagiar a su pareja; siendo esto, el primer paso para la 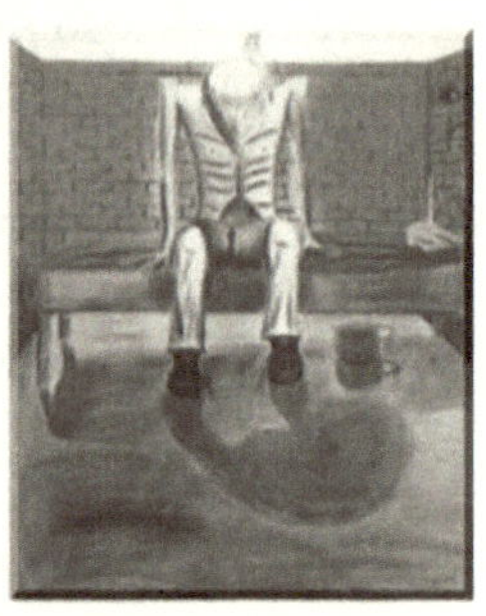 frigidez en las mujeres y la impotencia sexual en los varones.

PARA QUE ENTIENDAS MEJOR...

Era fin de mes, Juan había cobrado su sueldo y sin pensarlo dos veces se fue de parranda. Ya estando a muy altas horas de la noche con un amigo que estaba ebrio, vio que en la mesa del frente estaba sentada una rubia bebiendo sola, quien coquetamente le guiña el ojo y hace un ademán de servirse una copa con Juan y éste como ya estaba un tanto ebrio, también, hizo lo mismo y como pensaba que era irresistible, se acercó dónde estaba la rubia y le dijo: "¿Le puedo invitar un trago? ", la rubia respondió: "Sí, toma asiento Juan estaba bebiendo el primer trago y, de repente, perdió el sentido, cosa que no recuerda en lo más absoluto.

*Después de tres días, apareció en el cuarto de un hotel, abrió los ojos y se quiso levantar, cuando sintió un pequeño dolor en la espalda a la altura de los riñones. Se miró en el espejo del ropero que había en la habitación y vio una pequeña cicatriz. Inmediatamente, se vistió con la poca ropa que había, que no era de él y se marchó a su casa para sacar dinero e inmediatamente se fue a buscar un centro médico; se hizo los chequeos correspondientes y le diagnosticaron que le habían extirpado un riñón y que estaba infectado con una **Infección de Transmisión Sexual.***

La moraleja de esta historia es, que algunos hombres y mujeres, llevados por impulsos del momento, tienen una aventura sexual fugaz, que les puede llevar a colocar en riesgo su felicidad posterior.

Capítulo XV
EL SIDA

Los primeros enfermos con SIDA aparecieron en 1981 en los Estados Unidos y en la actualidad más de 50 millones de personas en todo el mundo padecen esta infección.

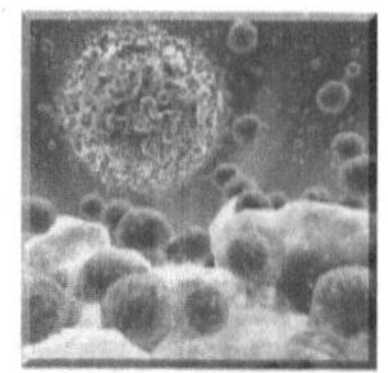

Según el Programa Nacional de ITS/SIDA del Ministerio de Salud y Deportes, el número de personas que viven con VIH y SIDA en Bolivia, cada vez, es más alto.

CONCEPTO.

El SIDA es una infección de transmisión sexual, que hace que el Sistema de protección de nuestro cuerpo contra las enfermedades e infecciones no funcione. El SIDA no tiene cura y es transmitido por el Virus de Inmunodeficiencia Humana VIH.

SIDA quiere decir Síndrome de Inmunodeficiencia Adquirida.

Síndrome porque es un conjunto de síntomas que indican una enfermedad o una condición.

Inmuno-Deficiencia porque el VIH produce una deficiencia en el sistema inmunológico, que es el que nos protege contra el ataque de parásitos, microbios y otras infecciones.

Adquirida porque el SIDA se adquiere por actos concretos.

FORMAS DE TRANSMISIÓN

El SIDA se lo puede contraer mediante:

- Relaciones sexuales.

- Transfusiones de sangre.
- Con objetos punzantes, cepillo de dientes, jeringas y agujas
- infectadas.
- Periodo pre-natal (embarazo).
- Periodo peri-natal (parto).
- Periodo post-natal (lactancia).

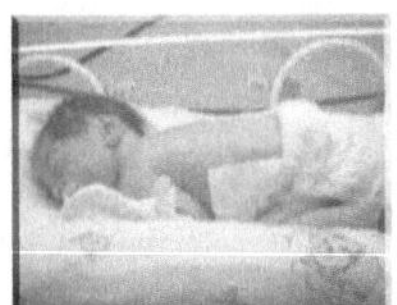

El VIH no se contagia por un apretón de manos, estornudar, toser, picaduras de mosquitos, compartir bebidas o comidas, mingitorios, saunas, piscinas, cigarrillos y medios de transporte.

TEST DE ELISA

Es una prueba que se hace a las personas que posiblemente estén contagiadas con el VIH/SIDA.

Los resultados de este test son absolutamente confidenciales y privados para evitar la discriminación de las personas infectadas con el VIH/SIDA.

GRUPOS DE RIESGO

Los grupos humanos con altos factores de riesgo para contraer el SIDA son: Los promiscuos sexuales, los homosexuales o bisexuales promiscuos, los drogadictos que utilizan la vía intravenosa, los hemofílicos, hijos de padres drogadictos que usan la vía intravenosa, hijos de padres con SIDA y los que tienen relaciones heterosexuales con pacientes que padecen SIDA (es difícil determinar a primera vista, si tiene o no SIDA).

CONSECUENCIAS:
BIOLÓGICAS

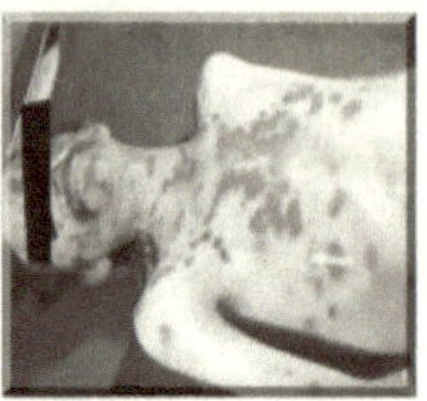

Esta infección elimina las defensas de nuestro organismo lo cual lleva a la persona a la muerte, ya que un simple resfriado le puede ocasionar la muerte.

PSICOLÓGICAS

Esta infección genera en el enfermo depresión, tristeza, angustia, sentimientos de culpa, trastornos y, en el peor de los casos, locura. El enfermo con SIDA pierde el apetito sexual y lo más probable es que llegue a la frigidez o a la impotencia sexual.

SOCIALES

Esta infección genera una serie de prejuicios en el entorno social de la persona enferma; se discrimina a la persona con SIDA, aislándolo, lo cual genera en ellos un cierto resentimiento social.

Pero se debería considerar que la persona con el VIH/SIDA, es un ser humano como todos, que está sufriendo y, por lo tanto, necesita trato humano, solidaridad, amor, comprensión y comunicación.

PREVENCIONES

Esta infección se puede prevenir usando preservativos en las relaciones sexuales con personas infectadas, no usar cepillos ajenos, afeitadoras, ni cosas personales que 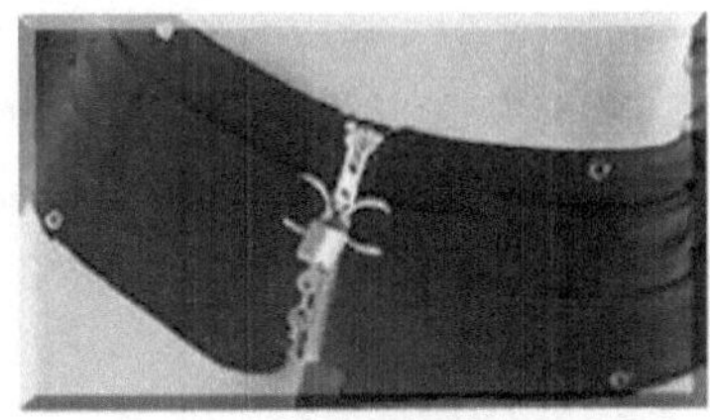 puedan estar contagiadas, exigiendo que la sangre en las transfusiones sea debidamente controlada. Que los peluqueros, médicos, dentistas, manicuristas y tatuadores utilicen instrumental debidamente esterilizado; y que la gente practique la fidelidad o simplemente la abstención.

PARA QUE ENTIENDAS MEJOR...

En cierta oportunidad, en un barrio se dieron una serie de robos, seguido de violaciones. Se tenía conocimiento de que eran dos delincuentes.

Y así, un día una señorita informada de estos hechos, cuando retornaba a su domicilio un poco tarde, es interceptada por dos sujetos que le quitan su cartera, le tapan la boca y la meten a un callejón oscuro. En su desesperación, porque ya sabía que en su barrio se habían dado violaciones, mordió la mano al que la estaba sujetando y les pidió que no le hicieran nada, porque estaba enferma y tenía SIDA; ellos se miraron y, por un momento dudaron, para posteriormente empujarla violentamente e irse.

La moraleja de esta historia es, que el SIDA es tan peligroso que no tiene cura; que es mejor no arriesgarse en las relaciones sexuales   dudosas.

Capítulo XVI
FAMILIA, MATRIMONIO Y DIVORCIO

FAMILIA

Es el conjunto de personas con parentesco sanguíneo o legal, que viven juntas. Está compuesta generalmente por el padre, la madre y los hijos. Los abuelos, tíos, primos, suegros(as) y cuñados(as) también forman parte de la familia.

La familia es una institución natural y núcleo fundamental de la sociedad.

La familia se basa fundamentalmente en el matrimonio donde se contraen una serie de deberes y derechos.

MATRIMONIO

Es la unión indisoluble y perpetua entre un hombre y una mujer que tiene como fines: la procreación, la educación de los hijos, el amor y la ayuda mutua entre los cónyuges.

Como se desprende de la definición anterior, el matrimonio tiene dos fines:

1) Procreación y educación de los hijos

Estos dos aspectos están estrechamente unidos, no se trata solo de tener hijos para "lanzarlos al mundo"; también, hay que guiarlos (educarlos) en el camino de la vida.

2) Amor y ayuda mutua entre los cónyuges

El matrimonio debe fundarse sobre la base del amor, comprensión y ayuda entre cónyuges.

LA IMPORTANCIA DE LOS HOGARES FELICES

Después del individuo, el hogar es la gran reserva moral de la humanidad. Gracias al hogar, la bondad se apodera de los hombres y mucho más si cada hogar fuera un nido de orden, de ternura, de formación espiritual y una mini-sociedad donde padres e hijos aprendieron a convivir con madurez y guiados por principios de elevada moral. ¿Qué clima mejor que el de un buen hogar, para formar la tierna mente de los hijos?

La escuela, las instituciones deportivas, culturales y religiosas pueden hacer mucho para el buen desarrollo de la niñez y la juventud. Pero, ¿Quién puede reemplazar la función de una madre amante, laboriosa y amiga de sus hijos? ¿Quién podría influir en forma más indeleble sobre la familia que el propio padre, cuando éste sabe mostrarse amigo y sabe ganarse el cariño de los hijos?

Así como un hogar puede influir de manera negativa sobre la niñez y juventud, también, puede moldear, de tal manera, una mente tierna, encausándolo por la senda del éxito y de la grandeza espiritual.

Para ello, el hogar debe ser el cálido y refugio, donde padres e hijos convivan en una atmósfera de amistad y comprensión.

El tener padres que conozcan sus deberes y que los cumplan sin anteponer ningún interés personal, esposos que vivan en armonía, que formen un gobierno paternal unido, cuyos actos públicos y privados inspiren a sus hijos, harán del hogar un rincón de amor, donde se ventilen las inquietudes de los hijos, enseñándoles sanos ideales y una profunda fe en Dios.

En un hogar feliz con valores, jamás se levantará la sombra de la discordia o el frío de la indiferencia, porque cada uno velará por la felicidad del otro; por tanto, el gozo, como el dolor de uno encontrará adhesión en el corazón de los demás.

VALORES, MATRIMONIO Y DIVORCIO

En la actualidad se han perdido muchos valores que dan lugar a que las personas confundan ciertos conceptos vitales como la libertad con el libertinaje, el ser feliz con el placer del momento, el amor con hacer el amor y podríamos agregar un largo etcétera.

En este fenómeno, también, caen los conceptos de la familia y el matrimonio que han ido perdiendo su verdadero significado y valor; por lo que, el índice de divorcios se ha incrementado.

El matrimonio debe tener como valor fundamental al amor que implica siempre pensar en el ser amado, al punto de llegar al olvido de sí mismo, es vivir para el otro, entregar nuestra vida al otro: nuestras virtudes y defectos, nuestras preocupaciones, nuestros años. El amor, en otras palabras, es lo contrario del egoísmo o

egocentrismo. Amar es difícil, pero se debe aprender.

El amor es donación al otro, compromiso en la totalidad de la persona, ya que se trata de hacer al otro mejor y más feliz.

"El amor de los esposos, como todo verdadero amor se prueba con el sacrificio, a la hora de la enfermedad, del dolor, de la dificultad económica, de la incomprensión social y de tantas otras dificultades que ofrece la vida de cada ser humano".

DIVORCIO

Es un acto jurídico que disuelve el matrimonio y deja a los ex - cónyuges con aptitud de contraer otro.

CAUSAS

* Complejos de superioridad.

* Inestabilidad emocional, que vuelve caprichosos a los cónyuges.

* Falta de valores.

* Egoísmo y capricho de uno de los cónyuges.

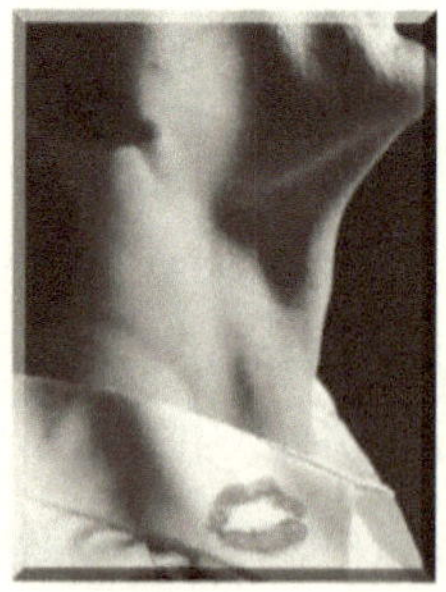

* Poco esfuerzo de los cónyuges para solucionar problemas.

* Desacuerdo en tener hijos o en la forma de criarlos.

* Falta de dinero o mala administración del mismo.

- Falta de comunicación y cariño en la familia Falta de respeto por el matrimonio.

- Extremado feminismo y machismo. Infidelidad.

- Problemas de vivienda o de convivencia que hagan imposible la intimidad matrimonial.

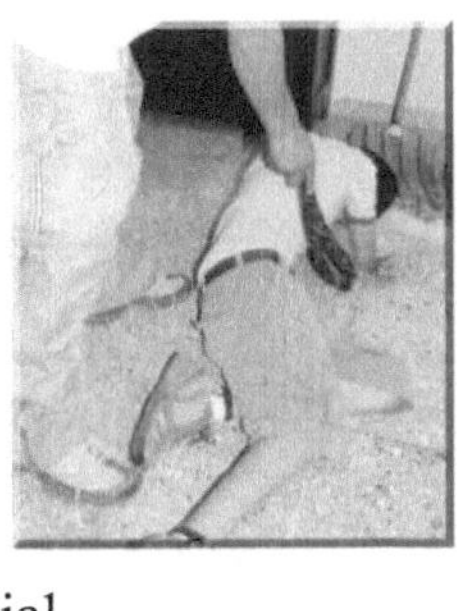

- Excesivo apego a la familia de origen, anteponiéndola sobre la nueva familia constituida.

- Preocupaciones derivadas del trabajo de uno de los cónyuges.

- Consumo de bebidas alcohólicas o drogas.

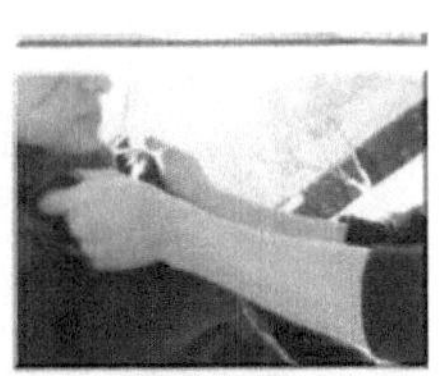

- Contagio de enfermedades de transmisión sexual.

- Rutina conyugal, producida por esposos incapaces de vivir con alegría.

- Diferencia de religión entre los cónyuges.

CONSECUENCIAS

- Consumo de bebidas alcohólicas.

- Fraccionamiento de la familia.

- Discriminación y marginación social.

- Pérdida de autoestima.

- Odio, rechazo y desconocimiento de los hijos a uno o ambos progenitores.

- Hijos poco saludables, inestables, poco sociables y con problemas de conducta.

- Traumas en los hijos.

- Niños abusados y abandonados.

- Niños con actividad sexual precoz, con tendencias suicidas y que muestran al ser adultos fuertes inclinaciones hacia el divorcio.

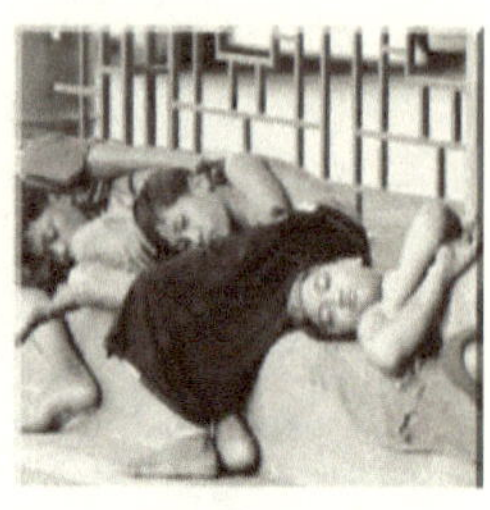

- Miedo, depresión, agresividad, apatía, retraimiento, dificultades de aprendizaje en los hijos de padres divorciados.
- Alto porcentaje de delincuencia juvenil.

- Abandono de la escuela y el hogar antes de tiempo, por parte de los hijos de padres divorciados.

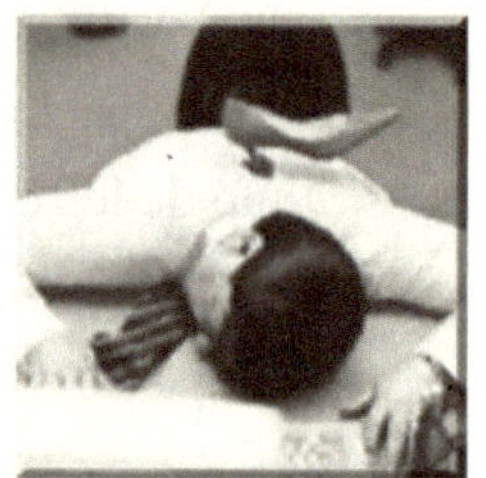

- Conflictos entre el hijo y el padrastro o su madrastra.

- Dos hogares descuidados en la parte económica y afectiva.

- Odio entre los ex-cónyuges.

- Matrimonios de alto riesgo si es que los ex-cónyuges rehacen sus vidas.

PARA QUE ENTIENDAS MEJOR...

Durante varios meses María, una joven esposa, había estado ahorrando con el deseo de hacerle un buen regalo a Ricardo, su esposo, el día de navidad. Pero, cuando faltaban solo 24 horas para el gran día, se dio cuenta de que sus ahorros eran muy escasos. Así que, para hacer frente a la situación, decidió vender una de sus valiosas pertenencias, su propia cabellera. Y con ese dinero le compró a Ricardo una cadena de oro, para el reloj que él usaba, que era una verdadera reliquia de su familia. Por su parte, Ricardo, ese mismo día, le llevó un hermoso regalo a María. Cuando ella abrió el paquete, encontró las dos hermosas peinetas que siempre había querido comprar para su cabello. Conmovida y comprendiendo que ahora le resultaban inútiles, porque ya no tenía su larga cabellera, corrió a traerle la brillante cadena a su esposo. Entonces, Ricardo atónito, le confesó a María que había vendido el reloj para poder comprar las peinetas. Cada uno de los esposos había sacrificado lo que más amaba para obsequiar a su compañero (a), algo valioso en demostración de amor.

La moraleja de esta historia es, que si uno toma la decisión de casarse, llevado por un gran amor, debe luchar siempre por ese amor y no llegar de buenas a primeras a un tormentoso divorcio.

Capítulo XVII
EL ABORTO Y LA PLANIFICACIÓN FAMILIAR

El aborto es una de las problemáticas más actuales de nuestra sociedad, que no solo implica a las mujeres, sino también a los varones.

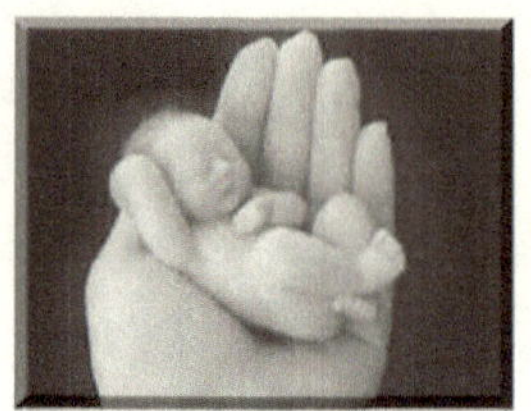

El aborto es un delito penal practicado de manera clandestina por personal no especializado y bajo condiciones higiénicas deplorables.

Muchos tratadistas consideran que el aborto solo se puede dar hasta los 5 meses de gestación porque de lo contrario sería un infanticidio (matar a un infante).

CONCEPTO

El aborto es la interrupción del embarazo que consiste en la expulsión del embrión fecundado o feto fuera del vientre materno antes de que éste pueda subsistir por sí solo.

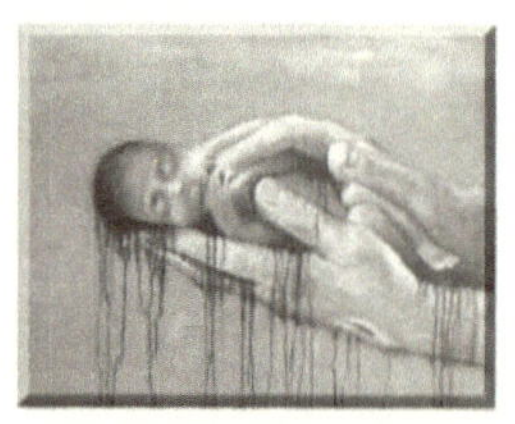

Se denomina embrión solo hasta los dos meses y de ahí para adelante se lo considera como feto.

CLASES DE ABORTO

Existen dos clases de aborto, los cuales son: el espontáneo y el provocado.

ABORTO ESPONTÁNEO

Es cuando la madre no desea perder a su hijo, pero igual lo pierde debido a una caída, enfermedad, tumores uterinos, emoción violenta, ansiedad extrema, fiebre o por ingerir una sustancia indebida, que pueden contribuir a la expulsión prematura del feto.

ABORTO PROVOCADO O INDUCIDO

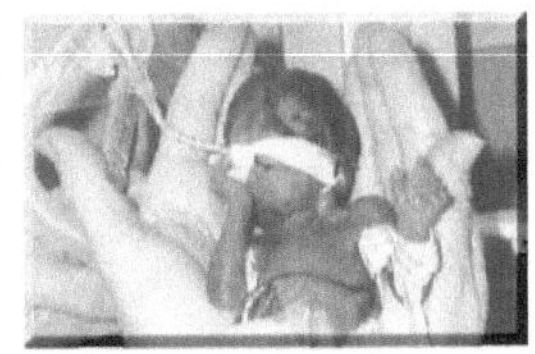

Es cuando la madre desea perder a su hijo en un aborto, debido a problemas personales, laborales, presión de la familia, médicos, etc.

Existe una sub-clase de aborto provocado, es el **aborto judicial o legal** que se da a través de una orden judicial por razones eugenésicas (para prevenir enfermedades hereditarias y congénitas), violaciones colectivas, incesto (padre que embaraza a su hija o hermano que embaraza a su hermana), embarazos por estupro de menores con retardo mental, embarazo por acto criminal, ilegitimidad del hijo, por contagio de una I.T.S. (sífilis, gonorrea, SIDA, etc.)

POSICIONES EN CUANTO AL ABORTO

Existen dos posiciones: Posición del pro-vida y la posición de la elección libre.

a) POSICIÓN DEL PRO VIDA

Esta posición es apoyada por la iglesia católica y las entidades religiosas; señala que se debe respetar la vida de ese nuevo ser a cualquier precio, no importando la situación particular de la madre.

b) POSICIÓN DE LA ELECCIÓN LIBRE

Esta posición es apoyada por los grupos feministas como Mujeres Creando y señala que las mujeres son libres de decidir si quieren tener o no a sus futuros hijos.

Según estos grupos feministas la mujer es libre de decidir sobre su cuerpo, pero cabe recordar que lo único que une a la madre y al nuevo ser es el cordón umbilical, porque incluso, tiene muchas veces otro tipo de sangre.

FORMAS EN LAS QUE SE PROCEDE A UN ABORTO

Existen cuatro formas: Por raspaje o curetaje, por succión al vacío, por envenenamiento salino y por una mini cesárea.

POR RASPAJE O CURETAJE

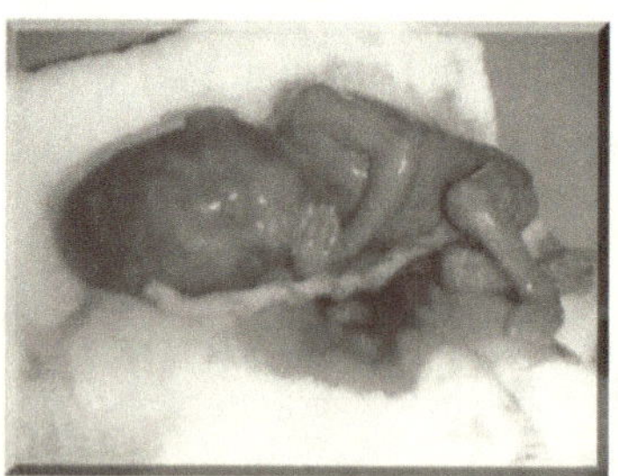

En esta forma se introduce una especie de cuchara con puntas filosas que se denomina cureta para despedazar al nuevo ser y sacarlo en pedacitos, lo único que no se despedaza es la cabecita; por lo que se introduce una especie de tijera con puntas planas que se denomina fórceps para despedazarlo. Una vez despedazado se introduce nuevamente la cureta para sacarlo en pedacitos.

POR SUCCIÓN AL VACÍO

En esta forma se introduce en el vientre materno una especie de sonda que tiene la fuerza suficiente para despedazar al nuevo ser, succionándolo hacia un recipiente, por no decir, un basurero. Lo único que no despedaza es la cabecita, por lo que se introduce el fórceps para despedazarlo y nuevamente se introduce la sonda para succionar los restos del nuevo ser.

POR ENVENENAMIENTO SALINO

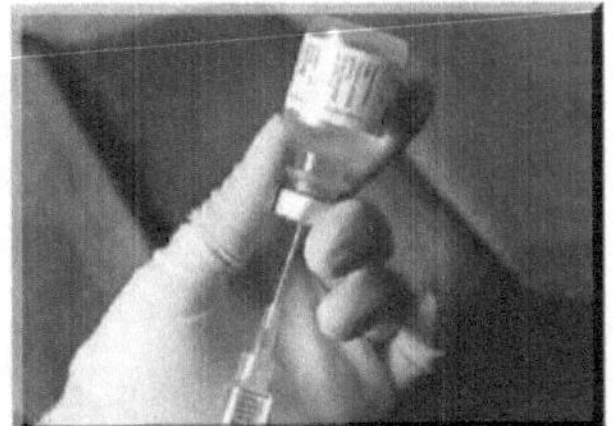

En esta forma, consiste en inyectar una sustancia salina en el líquido amniótico de la placenta, que quema al feto. Una vez muerto el feto sale expulsado de manera automática, porque el organismo expulsa toda sustancia inerte dentro de uno.

POR MINI-CESAREA

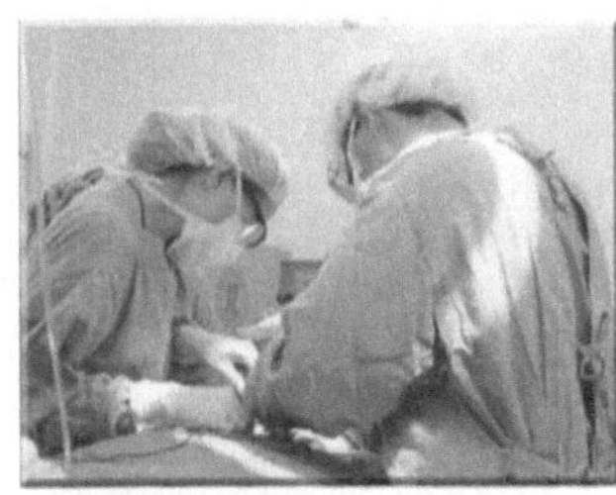

En esta forma, que se da generalmente, cuando el grado de gestación está avanzado, se realiza una incisión en el vientre materno para sacar al feto vivo, pero como el objetivo es matarlo simplemente se lo deja morir.

Todas estas formas son igual de crueles, porque el ser en gestación sabe lo que le espera y son igual de peligrosas para las madres.

CAUSAS

FISIOLÓGICAS

Se refiere a que si el organismo de la madre no está suficientemente maduro, lo más probable es que dé a luz a través de una mini cesárea. Esta puede ser la causa para que la madre pueda someterse a un aborto.

PSICOLÓGICAS

Se refiere al hecho de que la futura mamá no está preparada emocionalmente y que ese mismo hecho de verse embarazada la vuelve irritable, hipersensible y agresiva porque ya no puede hacer muchas de las cosas que hacía antes de estar en estado de gravidez como bailar, ir a pasear con sus amigas, ir de excursiones, etc. Todo esto puede hacer que la futura mamá tome la decisión equivocada de someterse a un aborto.

SOCIALES

Se refiere fundamentalmente al qué dirán los demás. Esta presión social puede generar que la persona a veces tome decisiones equivocadas, entre ellas someterse a un aborto.

ECONÓMICAS

Se refiere a que la extrema pobreza de algunas familias, en particular, de las madres gestantes puede ser la causa de una práctica abortiva pero no en todos los casos.

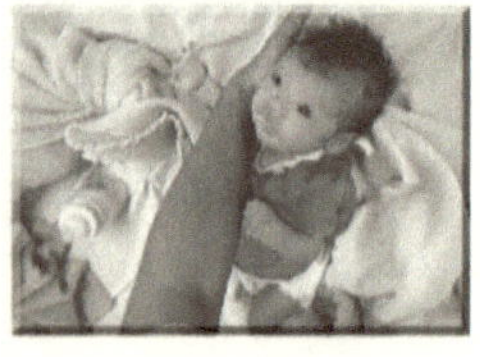

IGNORANCIA

Se refiere a que una mujer se puede someter a un aborto porque ignora las consecuencias que le puede acarrear una mala práctica abortiva.

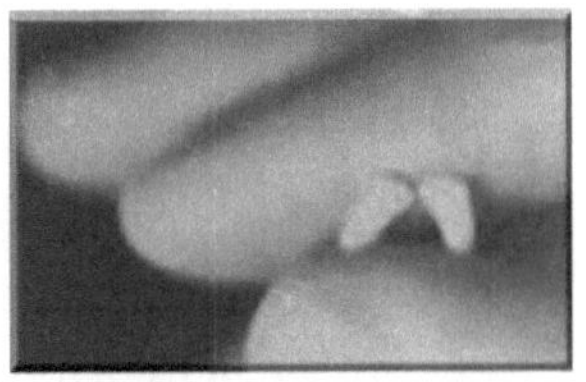

CONSECUENCIAS

FISIOLÓGICAS

Si en el aborto se perfora la pared anterior o posterior del útero o se dañan las trompas de Falopio, se produce una hemorragia que si no es detenida a tiempo, puede degenerar en un shock o estado de coma y posteriormente en la muerte. Si se da una mala práctica abortiva, las consecuencias fisiológicas son la esterilidad, abortos espontáneos posteriores, males congénitos en sus futuros hijos e infecciones. Esto implica que la persona pone en riesgo su felicidad posterior.

PSICOLÓGICAS

Después de que una mujer se somete a un aborto, es como si hubiese dado a luz a un hijo, porque de sus pechos empieza a segregar leche materna y, como es lógico, esta mujer empieza a limpiarse con un pañito la leche materna que le brota de los pechos. Esta situación hace que experimente grandes sentimientos de culpa y remordimientos, sintiéndose culpable por

todo(de no haberse cuidado lo suficiente, de no haber escuchado los consejos de sus padres, de sus profesores y de sus amigos); pero, por sobre todo, de la muerte de su hijo(a) que iba a nacer, por lo cual se deprime tanto que puede quedarse encerrada en su cuarto, no hablar con nadie, no comer, descuidar sus actividades cotidianas y en concreto perder su autoestima (Si ya no se peina, ya no se arregla y pierde interés por todo). Si el medio familiar no es favorable, estos sentimientos de culpa y remordimientos pueden degenerar en una neurosis obsesiva e incluso en el peor de los casos en locura.

SOCIALES

Si el medio social en el que se desenvuelve la mujer que ha abortado, se entera que ésta se ha sometido a un aborto, la discrimina y la excluye socialmente. Esto  genera una gran presión social en la mujer que ha abortado, por lo que puede tomar decisiones equivocadas que la pueden introducir al mundo del alcohol, las drogas, la delincuencia y la prostitución.

MÉTODOS ANTICONCEPTIVOS

Los métodos anticonceptivos tienen la finalidad de evitar los embarazos no deseados. Pero, no evitan muchas veces las Infecciones de Transmisión Sexual. 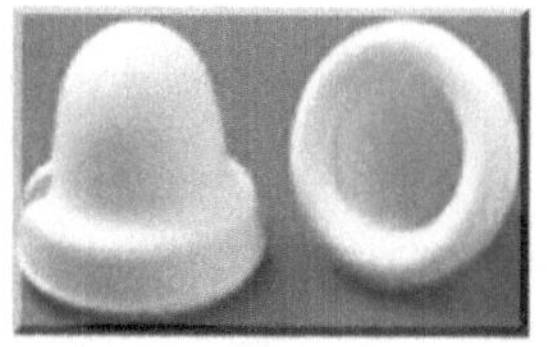

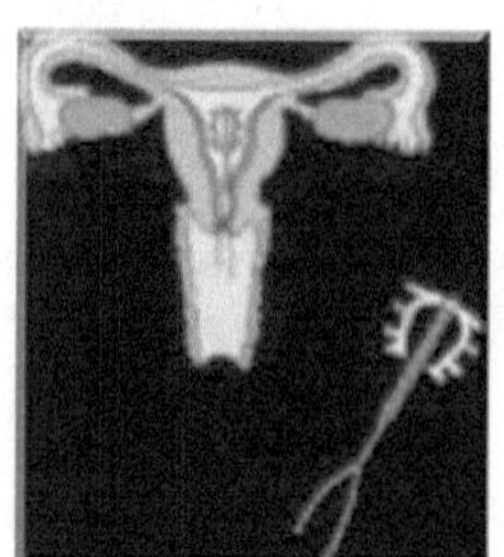 Toda pareja que quiera planificar su familia debe ser informada por el médico en forma amplia sobre todos los métodos anticonceptivos existentes, analizando en

cada uno de ellos los siguientes aspectos: efectividad, aceptabilidad, inocuidad, duración, reversibilidad, costo y frecuencia de controles.

Entre los métodos más conocidos en nuestro medio están los siguientes: métodos naturales como el método del calendario, método de la temperatura y el método del moco cervical, los métodos de barrera como los diafragmas, los capuchones cervicales, los condones, los espermicidas, los dispositivos intrauterinos, el método del coito interrumpido, las píldoras anticonceptivas y los inyectables. También, existen métodos quirúrgicos como la ligadura de trompas y la vasectomía.

Todos los métodos anticonceptivos no tienen una efectividad del cien por ciento, lo peor de todo es, que tienen una serie de efectos secundarios y contraindicaciones que, a continuación, pasamos a detallar.

El método del calendario, consiste en no tener relaciones sexuales en los días fértiles, es decir del día 11 al 20 (días en las que se da la ovulación), tomando en cuenta que el primer día de sangrado menstrual es el día uno. Tiene un margen de error del 15 al 47 %, difícil de usar por las mujeres con ciclos menstruales irregulares.

El método de la temperatura, consiste en descubrir el momento de la ovulación por el aumento de la temperatura basal que se presenta inmediatamente después de la ovulación. Tiene un margen de error del 1 al 7 %, pero, hay que tomar en cuenta que existen circunstancias que alteran la temperatura basal, como enfermedades, tensión emocional, falta de sueño, etc.

El método del moco cervical, consiste en observar las características del moco cervical y detectar las diferencias que presenta dependiendo de la fase del ciclo en que se encuentre. No es un método práctico porque se tiene que interpretar y reconocer los cambios hormonales del moco cervical.

El diafragma o condón femenino, es un método de barrera que consiste en impedir que los espermatozoides alcancen la cavidad uterina y fecunden el óvulo. Tiene un margen de error del 15 al 20 % y solamente es utilizado por aquellas personas que tienen irregulares relaciones sexualesy en raras ocasiones. Existe por parte de las mujeres resistencia a su uso, porque se necesita un entrenamiento médico previo, además de realizar maniobras vaginales

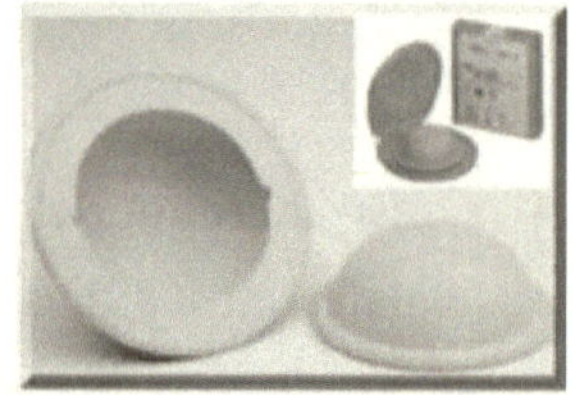

El capuchón cervical o cubierta cervical, es un método de barrera que consiste al igual que el diafragma en impedir que los

espermatozoides alcancen la cavidad uterina, solo es utilizado por aquellas mujeres que tienen el cuello uterino lo suficientemente largo, sano y no desgarrado.

Los espermicidas, son substancias químicas que se colocan en la vagina antes del coito, dificultando la entrada de los espermatozoides en la matriz y matando los espermatozoides que entran en contacto con esta substancia química. Tienen un margen de error del 15 al 30 % y, muchas veces, provocan alergia e irritaciones vaginales.

Los condones o preservativos, son una especie de funda elaborada de látex que se aplica recubriendo el pene en erección. No tienen margen de error como método, pero, sí existe falla en la técnica y 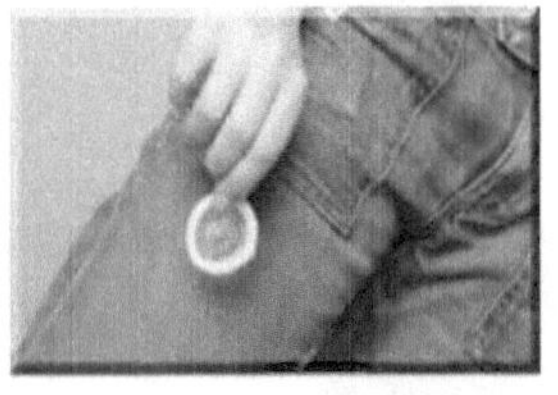 forma de uso en un 15 al 25 %, no requieren médico, ni control posterior y son relativamente baratos.

El método del coito interrumpido, consiste en retirar o extraer el pene de la vagina en el instante previo a la eyaculación. Tiene un margen de error del 15 al 25% y genera un sentimiento de frustración en ambos cónyuges o en uno de ellos. 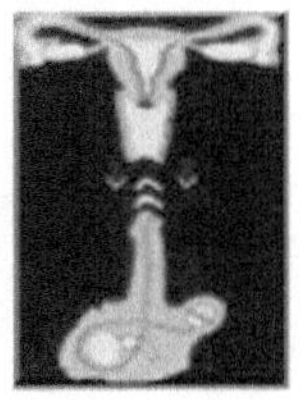

Los dispositivos intrauterinos, son pequeños aparatos de 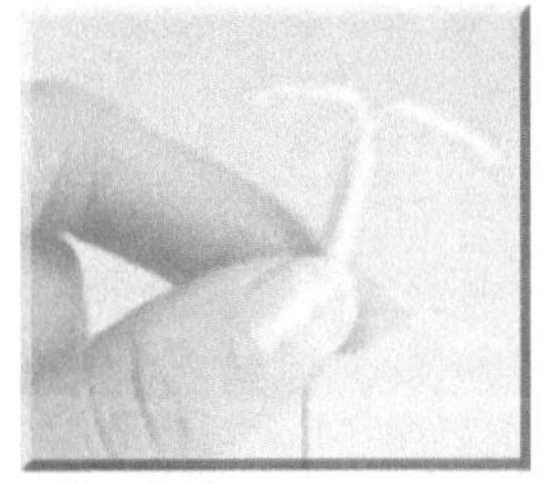 plástico y de cobre (T y 7 de cobre y la espiral entre los más conocidos) que se colocan dentro del útero y que tienen como finalidad evitar el paso de los espermatozoides para que no se produzca la fecundación. Tienen un margen de error del 4 %, generando, muchas veces, dolor en el colocado, hemorragia y en algunos casos infecciones.

Las píldoras anticonceptivas, son preparaciones elaboradas en base a hormonas sintéticas, derivadas de los estrógenos y la progesterona las cuales evitan el embarazo; tienen un margen de error del 1% siempre y cuando se usen en forma correcta y se sigan las instrucciones del médico. Tienen como efectos colaterales el aumento de peso, hipertensión arterial, náuseas, mareos, vómitos, dolores de cabeza, ablandamiento y crecimiento de las mamas, y acelera la menopausia.

Se han dado muchos casos en que las mujeres dejan de tomar estas píldoras, tienen relaciones sexuales, quedan embarazadas y dan a luz, no solo a un hijo, sino tienen dos (gemelos) o tres (trillizos) a la vez.

Los inyectables, también son preparaciones en base a hormonas que se aplican cada 3 meses, tienen un margen de error del 1% y generan alteraciones en el ciclo menstrual, demora en el retomo de la fertilidad y acelera la menopausia. 

La vasectomía y la ligadura de trompas, son procedimientos quirúrgicos sencillos que son irreversibles y no tienen margen de error. 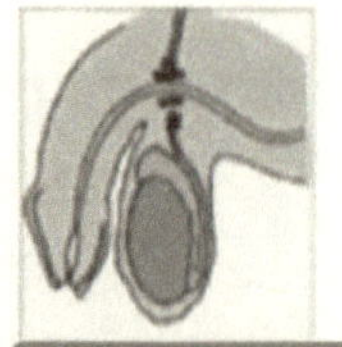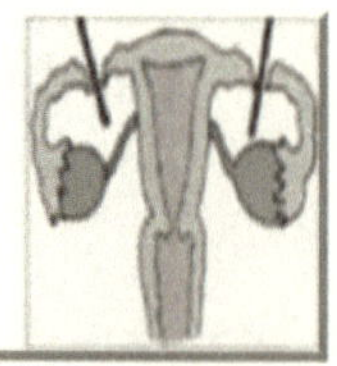

LIBERTAD Y LIBERTINAJE

Para una mejor EDUCACIÓN SEXUAL, se debe evitar la idea

del LIBERTINAJE asociado al conocimiento de la anticoncepción en la juventud, dando el mensaje de asumir RESPONSABILIDAD en la vida sexual. También, se debe dar a entender que el único método más seguro, más confiable, más infalible, más barato y que da más placer es el anillo de matrimonio.

PARA QUE ENTIENDAS MEJOR...

En cierta oportunidad, una adolescente embarazada se acercó al consultorio de un joven médico y le dijo: "Doctor como usted puede ver estoy embarazada, el padre de mi hijo me abandonó, por eso, no sé si abortar o no, ¿Qué consejo usted me daría?", y el médico le respondió: "Según mi poca experiencia profesional yo le recomendaría que no aborte, porque se debe respetar la vida de ese nuevo ser, él no tiene la culpa de nada". Al escuchar esto la adolescente se marchó.

Tres meses después, la adolescente visitó nuevamente al médico, esta vez con un bebé en brazos y acercándose a él, le dijo: "Doctor, doctor, se acuerda de mí, yo soy la joven que estaba embarazada y que le pidió un consejo" y el médico respondió: "Ah sí, te recuerdo. ¿Cómo estás? ". "Le cuento doctor que seguí su consejo y tuve a mi bebé, ahora soy madre soltera, todo el mundo me discrimina, me señalan muchas veces con el dedo, ya no salgo con mis amigas, me muestro muy irritable e hipersensible. Mis padres me botaron de la casa y, en fin, mi bebé cambió mi vida para siempre". Dicho esto se despidió del joven médico quién se encontraba un poco apenado.

*A la semana siguiente, otra adolescente embarazada se acercó al consultorio del mismo joven médico y le dijo: "Doctor como usted puede ver estoy embarazada, el padre de mi hijo me abandonó, por eso, no sé si abortar o no, ¿Qué consejo usted me daría? ", y el médico pensando en la **anterior adolescente** le respondió: "Según mi poca experiencia profesional, yo le recomendaría que aborte, para qué va traer un hijo al mundo, si es para hacerlo sufrir y mucho más si su padre no lo quiere". Al escuchar esto la adolescente se marchó.*

Dos meses después, la adolescente visitó nuevamente al médico, un tanto desarreglada, con una cara de tristeza y acercándose a él le dijo: "Doctor, doctor, se acuerda de mí, yo soy la joven que estaba

*embarazada y que le pidió un consejo y el médico respondió: "Ah sí, te recuerdo ¿Cómo estás?". "Le cuento doctor que seguí su consejo y **aborté** a mi bebé, ahora soy un persona muy infeliz, porque al limpiarme la leche que brota de mis pechos tengo un sentimiento de culpa terrible, vivo angustiada, por las noches no puedo dormir, porque tengo pesadillas en las que veo a mi bebé llamándome asesina, me siento la peor persona del mundo, tengo muchas ganas de emborracharme y si no encuentro apoyo, creo que podría tomar decisiones equivocadas, y en fin, doctor, creo que cambió mi vida para siempre Dicho esto, se despidió del joven médico, quién se encontraba más apenado que nunca.*

Tres semanas después, otra adolescente embarazada se acercó al consultorio del mismo joven médico y le dijo: "Doctor como usted puede ver estoy embarazada, el padre de mi hijo me abandonó, por eso, no sé si abortar o no, ¿Qué consejo usted me daría? y el médico a partir de las experiencias anteriores le respondió "ES SU DECISIÓN", no la mía.

La moraleja de esta historia es, que uno es arquitecto de su propia vida, tiene que asumir las consecuencias de sus decisiones y acciones. En el caso particular del aborto, las adolescentes deben ser informadas y orientadas en cuanto a esta problemática en el plano PREVENTIVO, pero, la decisión final en cuanto a las relaciones sexuales y al aborto es exclusivamente de ellas.

Capítulo XVIII
LA ESTERILIDAD Y LA ADOPCIÓN

La esterilidad es un problema que no solo involucra a las mujeres, sino también a los varones y, en algunos casos, el problema de la esterilidad viene asociado.

Los problemas de esterilidad generan un sinfín de sentimientos en la pareja; si no son atendidos adecuadamente por profesionales médicos y terapeutas, pueden generar la ruptura de la familia.

PAREJA ESTÉRIL

La esterilidad conyugal consiste en la incapacidad de la pareja para tener hijos.

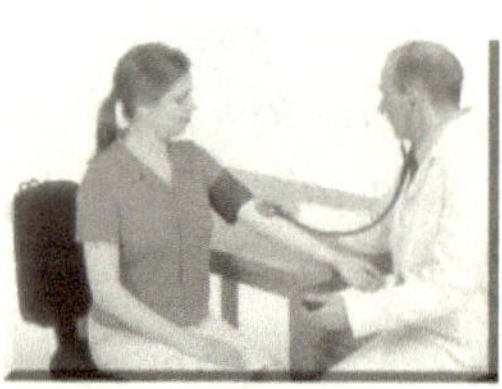

Las investigaciones y el tratamiento comienzan cuando la pareja no es capaz de procrear después de un año o más de vida sexual activa, sin usar anticonceptivos.

INCIDENCIA

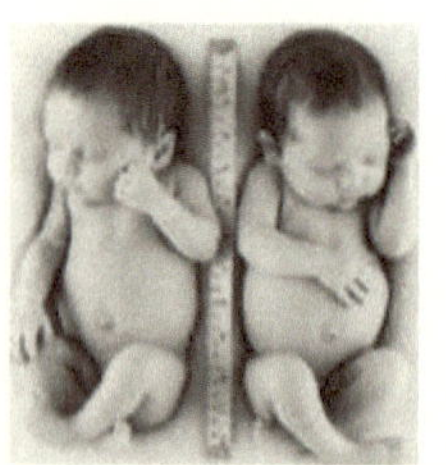

Estudios recientes muestran que el 10% de las parejas tienen problemas de esterilidad.

El varón es causa de esterilidad

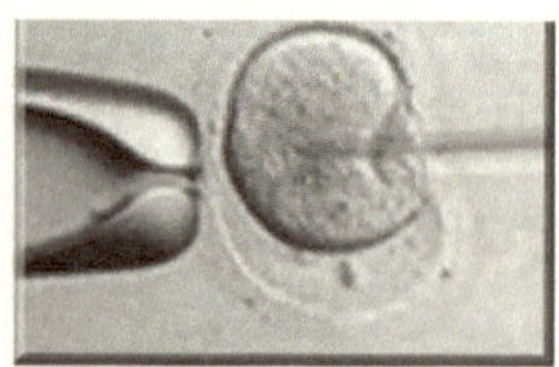

conyugal por si solo en el 30 a 40 % de los casos, y asociado a causa femenina en un 10 a 20 %.

La mujer es causa de esterilidad conyugal por si sola en el 60 a 70 % de los casos, y asociada a una causa masculina en un 10 a 20 %.

CAUSAS DE ESTERILIDAD MASCULINA

* Traumas.

* Infecciones de transmisión sexual.

* Alcoholismo.

* Impotencia sexual.

* Anomalías en los órganos genitales.

* Alteraciones en las secreciones prostáticas y vesículas seminales.

* Espermatozoides defectuosos.

CAUSAS DE ESTERILIDAD FEMENINA

* Abortos mal practicados.

* Infecciones de transmisión sexual.

* Traumas.

* La tuberculosis no curada en forma adecuada.

* Alcoholismo.

* Falla en la maduración y liberación del óvulo, que puede ser de origen endocrino, psicológico o genético.

* Vaginismo y tumores.

- Anormalidades y malformaciones del cuello uterino.

PERFIL PSICOLÓGICO DE LA PACIENTE ESTÉRIL Y SU PAREJA

La paciente estéril, generalmente, es una persona angustiada que necesita depositar toda su confianza en el médico con el objeto de desarrollar una actitud positiva que, a menudo, ayuda a la fertilidad. Tiene sentimientos de culpa, remordimientos y pena por no poderle dar un hijo a su pareja; piensa que está fallando como mujer; prueba un sinfín de métodos caseros, mágicos y místicos en algunos casos para poder embarazarse. Se mostrará servicial muchas veces para tener contento a su pareja porque tiene miedo de ser abandonada.

La pareja (esposo o concubino) siente que no está realizado, porque quiere verse reflejado en un hijo(a), para enseñarle todo lo que sabe y socialmente ser aceptado como un padre de familia. Su autoestima es baja por esa causa. Si no tiene la formación adecuada y es machista, nunca asumirá su responsabilidad; si él es infértil, siempre le echará la culpa a su pareja (esposa o cónyuge); tendrán, generalmente, conflictos entre ellos, la violencia familiar y la infidelidad.

Es importante recordar que **"nadie tiene la culpa de ser estéril"**, por lo tanto, no hay que sentirse avergonzado.

[168]

TRATAMIENTO

El tratamiento de las parejas estériles tiene tres partes:

1. La información que los pacientes dan al médico, y la que el médico debe dar a los pacientes.

2. La investigación de los diferentes órganos y funciones en ambos cónyuges con el objeto de encontrar las causas.

3. El tratamiento propiamente dicho, buscando eliminar los diferentes factores causales.

EL ABANDONO Y LA ADOPCIÓN

Todos los seres humanos experimentamos en algún momento de nuestras vidas la realidad del abandono, porque todos hemos perdido a alguien querido en algún momento. Cuando los niños o adolescentes son abandonados por sus padres, son agredidos en todas las áreas de su desarrollo: en el área de los afectos, en su desarrollo físico, en su desarrollo intelectual y en su desarrollo moral. El abandono a un niño o adolescente desprotegido es una agresión máxima, es una negación absoluta del amor.

Cuando hablamos de abandono, estamos hablando del descuido de aspectos físicos y materiales, de su cuidado; pero fundamentalmente, de la falta de cariño, incluso en el medio intrauterino.

Muchas veces en la gente pobre, la falta de tiempo, de dinero y las muchas preocupaciones hacen que los padres descuiden el aspecto físico de los hijos, pero, en las clases altas, se preocupan más por el cuidado del aspecto físico, que alguien los cuide, que no les falte nada; pero, si les falta cariño, eso también es abandono.

Cuando un hijo es abandonado (falta de vínculo afectivo), puede ser sujeto de adopción.

ADOPCIÓN

Es una posibilidad de amor, en la que se promueve la reinserción de un niño o adolescente a un entorno familiar donde se le dará amor, importancia, valor, protección y seguridad.

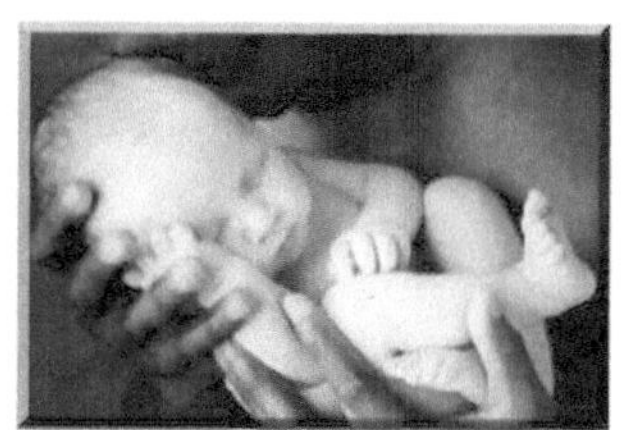

CLASES DE ADOPCIÓN

Son dos: La adopción exitosa y la adopción frustrada.

a) ADOPCIÓN EXITOSA

Es la que constituye un remedio real a las lesiones de un niño o adolescente abandonado, el cual lo reinsertará definitivamente en la sociedad, siendo una buena persona.

b) ADOPCIÓN FRUSTRADA

Es la que constituye una nueva lesión grave para el niño o adolescente adoptado, por el trato discriminatorio que recibe, del cual no llegará a recuperarse nunca.

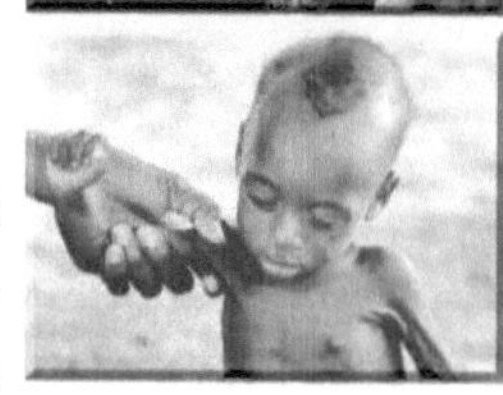

CAUSAS QUE MOTIVAN LA ADOPCIÓN

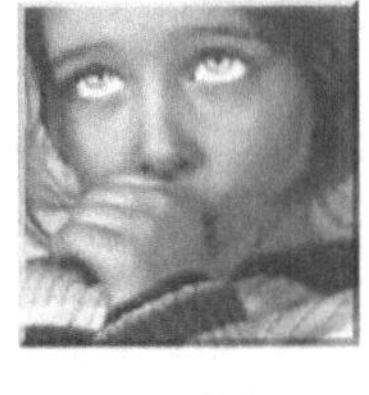

Entre éstas tenemos:

- Embarazos no deseados.

- Madres solteras con dos o más hijos.

- Violencia familiar.

- Violencia de padrastros y madrastras, contra sus hijastros(as).

- Niños huérfanos.

- Problemas económicos.

- Falta de formación integral de la madre biológica.

- Muerte de los padres.

- Pérdida de trabajo.

- Enfermedad mental.

- Alcoholismo de los padres.

- Drogadicción de los padres.

- Prostitución.

- Infertilidad de los padres adoptivos.

PERFIL PSICOLOGICO DEL HIJO ABANDONADO

Para comprender en su verdadera magnitud el perfil psicológico del niño o adolescente abandonado, es importante ponerse en su lugar para conocer qué es y lo que piensa dentro de sí: "Estoy solo, nadie responde, tengo frío, tengo hambre, lloro y no pasa nada; lloro, lloro y ya dejo de llorar, nadie me quiere, quién soy, necesito algo, no valgo nada, no recibo cariño porque no lo merezco, porque soy malo; no quiero creer que por mi culpa estoy solo, quiere decir que soy terriblemente malo, sufro mucho y no quiero sufrir más; me siento más solo y más débil, por lo tanto, prefiero tener rabia y al diablo con los demás, la rabia al menos me hace sentir vivo".

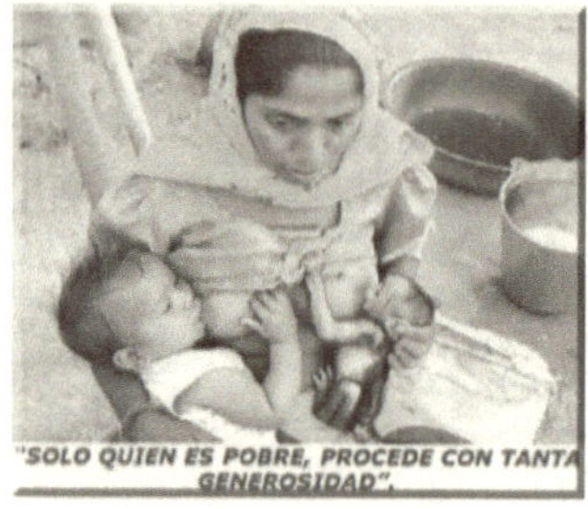

Por todo esto, podemos concluir que los niños y los adolescentes abandonados tienen baja autoestima (ya no se arreglan, ya no se peinan y ya no les importa nada), experimentan una sensación de impotencia, rabia, desconfianza, agresividad, inestabilidad emocional y baja tolerancia a la frustración. Son inseguros, tienen dificultades para

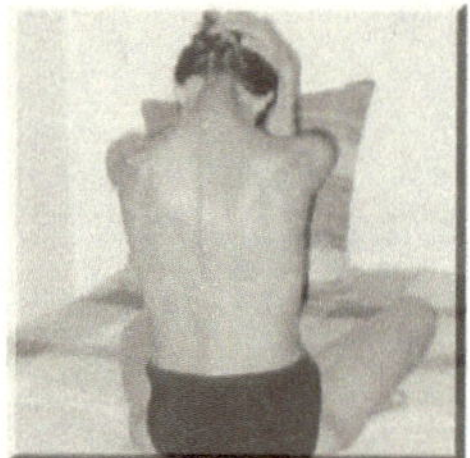

querer generosamente, exigen demasiado y sin piedad a los demás.

La adopción es una posibilidad de amor y solución para librar a los niños y adolescentes de los efectos negativos del abandono.

PERFIL PSICOLÓGICO DE LA MADRE BIOLÓGICA Y DE LA MADRE ADOPTIVA

La gran mayoría de las muchachas que entregan a sus hijos en adopción, se caracterizan por no entregar el primer hijo, sino el segundo o tercero, no cumpliendo la función materna ni siquiera con el primero, porque lo tienen mandado a criar con una tía o con la abuela; cuando llega el segundo dicen: "No me lo aguantan esta vez" y, entonces, lo entregan. En cambio, la mayor parte de las parejas adoptantes son

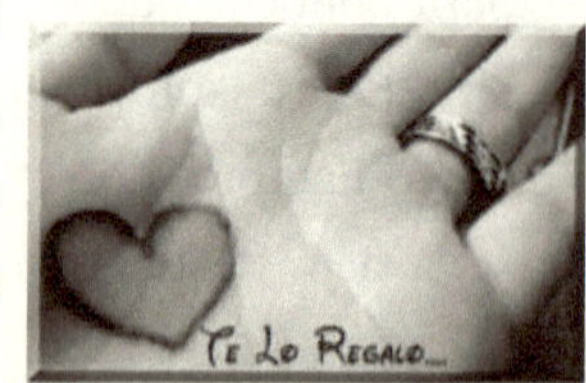

infértiles, piensan que no valen porque no son capaces de procrear un hijo.

HIJO Y PADRES ADOPTIVOS

La vida del hijo adoptivo y la de sus padres van mezclándose todos los días, ya que la herencia genética del hijo adoptivo se mezcla con: la herencia de valores, herencia social y la herencia cultural que le transmiten los padres adoptivos en su educación y crianza, hasta convertirlo en un adulto maduro, responsable y capaz de llevar una buena vida familiar.

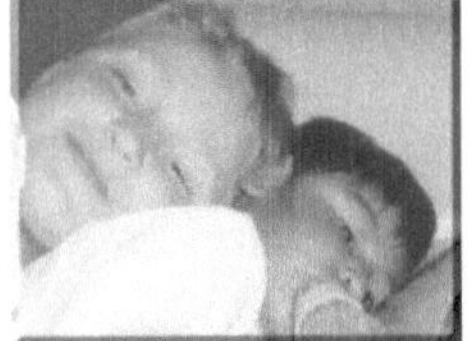

PARA QUE ENTIENDAS MEJOR...

En cierta oportunidad un granjero encontró un huevo en el camino a su rancho y lo metió entre los huevos de una gallina clueca que estaba empollando. Una vez que los huevos habían sido empollados, uno era diferente, ya que era un aguilita. La madre gallina no hizo ninguna diferencia y los quería a todos por igual. El aguilita al igual que sus hermanitos pollitos rascaba la tierra para encontrar gusanitos y se iba a cobijar en las alas de su mamá gallina.

Un día, cuando el aguilita, que se creía pollito, jugaba con sus hermanitos pollitos, alzó la cabecita y miró hacia el cielo, vio un enorme águila volando y dentro de sí pensó: "Me parezco mucho a esa ave ". En ese instante, la madre gallina al percatarse de la presencia del águila que volaba sobre ellos, llamó rápidamente a sus hijos pollitos (incluyendo al aguilita que se creía pollito) y los cobijó debajo de sus alas hasta que pasará el peligro. A partir de ese día el aguilita se preguntaba de vez en cuando: ¿Será que yo pueda volar? y el mismo se respondía: "No creo, porque mamá ya me lo hubiese dicho".

La moraleja de esta historia es, que a partir de la sobreprotección de los padres ya sean adoptivos o naturales, los hijos no desarrollan todas sus potencialidades. También, es importante establecer que los niños y adolescentes necesitan para desarrollarse ambos padres, no importando si son adoptivos, siempre y cuando les den amor.

Capítulo XIX
VIOLENCIA FAMILIAR

La familia forma un verdadero grupo social reducido donde la acción de cualquiera de sus integrantes afecta a todos, originando reacciones y contra reacciones. Sus miembros necesitan hallar roles que les relacionen

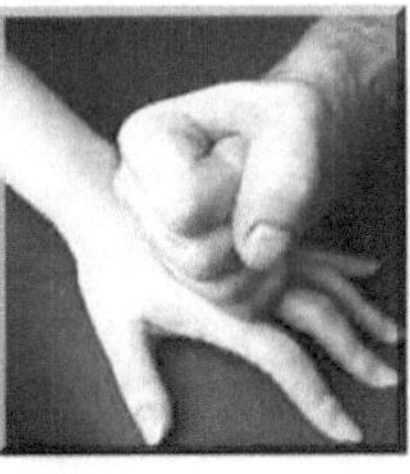

recíprocamente para que no se deforme la personalidad de uno o varios de sus miembros. El bien del grupo entero requiere que todos pongan de su parte para satisfacer los deseos y necesidades de sus miembros y, en particular, de la familia.

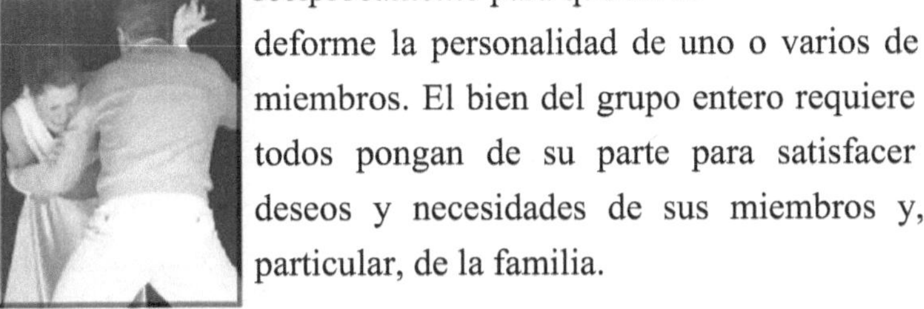

Si no existe armonía en la familia, inminentemente se llega a la violencia familiar; que en nuestro país, cada vez, cobra más vidas, sobre todo de niños y mujeres.

Las personas que maltratan, no cambian y, por el contrario, ese maltrato va en aumento; nunca disminuye.

CONCEPTO

La violencia familiar es aquella confrontación que va en contra del modo de proceder natural en la familia. Esta violencia implica peleas, amenazas, insultos, discusiones, agresiones y muerte.

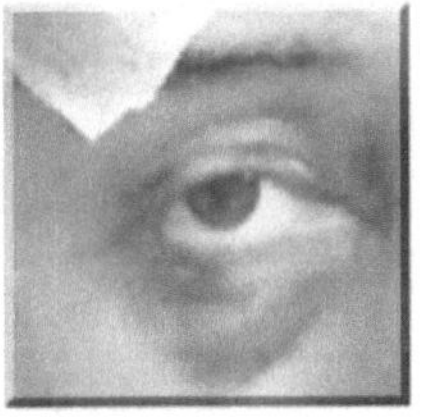

CLASES DE VIOLENCIA FAMILIAR

Existen cuatro clases de violencia familiar las cuales son:

violencia física, violencia psicológica, violencia moral, violencia sexual y violencia económica.

VIOLENCIA FÍSICA

Se expresa cuando el padre golpea a los hijos, esposa o viceversa y estos son:

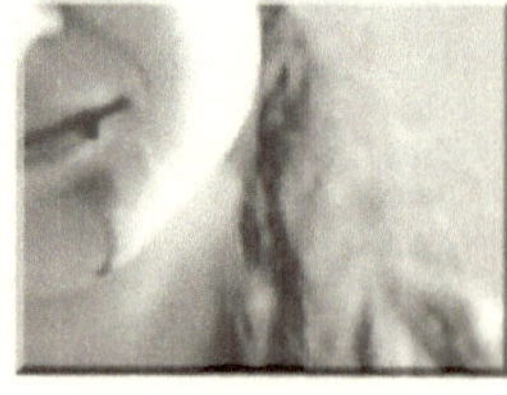

- Patadas y puñetes a la pareja y a los hijos.

- Empujones, sopapos, sacudidas, pellizcones, retorcer el brazo, mordidas y otros.

- Heridas realizadas con armas blancas y objetos punzo cortantes, correas y otros objetos que provoquen daño físico.

VIOLENCIA PSICOLÓGICA

Se expresa cuando el padre insulta verbalmente a sus hijos y esposa o viceversa; o les impide realizar determinados actos; y éstos son:

- Humillar de manera privada y pública a la pareja.

- Llegar constantemente ebrio o drogado a la casa.

- Cerrar la casa y controlar las amistades.

- Excesivo control de las relaciones con la familia de origen.

- Controlar las llamadas telefónicas y los gastos de dinero.

- Celos excesivos.

- Control excesivo de las actividades de la pareja.

- Obligar a la pareja a ver como maltrata a los hijos.

- Obligar a la pareja a vestirse con ropa gruesa, sin escotes, faldas largas y muy sueltas.

- Exigir que la pareja piense, sienta y actúe de igual manera que uno.

- Llamar a la pareja loca, prostituta, infantil, buena para nada, hijito(a) de papá o de mamá, mantenido, estúpida, mala madre o mal padre y cualquier insulto de grueso calibre.

- Ser indiferente con la pareja.

- No permitir que trabaje.

- Destruir los objetos que aprecia la pareja o los hijos.

- No permitir que estudie.

VIOLENCIA MORAL

Se expresa cuando el padre amenaza a sus hijos, esposa o viceversa, y éstos son:

- Amenazar con matar a la pareja o a los hijos.

- Amenazar con llevarse o quitarle a los hijos.

- Amenazar con utilizar armas, cuchillos, palos, botellas, etc.

- Amenazar con no dar dinero para la manutención de la casa.

- Amenazar con abandonar en cualquier momento el hogar.

- Amenazar con no tener relaciones sexuales, si la pareja (esposo) no da dinero o no satisface un capricho de la esposa.

- Amenazar con hacer un escándalo delante de sus amigos(as), familiares y compañeros(as) de trabajo.

- Amenazar con no dejarle salir con sus amigos(as), familiares o a su trabajo.
- Amenazar con revelar un secreto oscuro de la pareja.
- Amenazar con suicidarse.
- Corrupción de menores.

VIOLENCIA SEXUAL

Se expresa cuando el padre tiene relaciones sexuales con la pareja, ya sea por la fuerza o por amenazas y en el maltrato sexual de los hijos en razón de su sexo, éstas son:

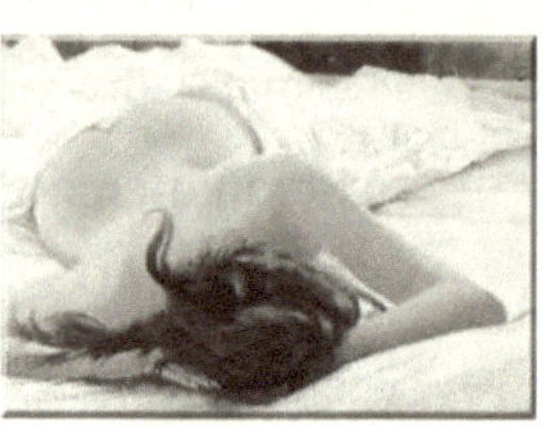

- Violaciones a la pareja.
- Insultos y agresiones físicas a los hijos, solo por ser varones o mujeres.
- Prostitución infantil.
- Promiscuidad sexual en la familia.

VIOLENCIA ECONÓMICA

Se expresa cuando se afecta la economía y subsistencia de la esposa e hijos a través de limitaciones económicas encaminadas a controlar los ingresos, fiscalizar los gastos y restringir la obtención de recursos económicos y éstas son:

- La esposa no tiene acceso a una chequera ni tarjeta de crédito.
- Tiene que dar cuentas de todo lo que gasta.
- No puede participar en decisiones económicas del hogar.
- Se niega el dinero suficiente a la esposa e hijos, para que

satisfagan sus necesidades elementales (comer, vestirse, actividades de recreación, un lugar digno para vivir, mejor atención médica, etc.).

- Si trabaja, tiene que entregar el cheque.

- No se reconoce el trabajo doméstico, porque es obligación de las mujeres.

- No permitir estudiar o trabajar a la pareja e hijos, para evitar la independencia económica.

CAUSAS

Las principales causas son:

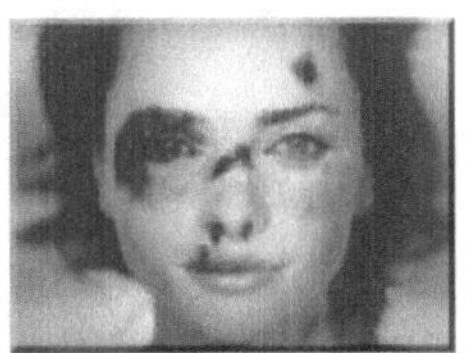

- El consumo de bebidas alcohólicas.

- El uso de drogas.

- Falta de relaciones sexuales y su respectivo ritmo.

- Falta de denuncia a los organismos especializados.

- Pseudomoral y prejuicios respecto a las relaciones sexuales y la sexualidad.

- Excesiva intromisión de la familia de origen (Padres y hermanos de la pareja) y apego de la pareja a la familia de origen.

- Falta de experiencias sociales, deportivas y culturales agradables en pareja.

- Idea errónea de que lo económico debe ser el pilar fundamental de la familia.

- Presión extrema de la pareja por lo económico.

- La falta de comunicación.

- Los celos.

- Los problemas económicos y laborales.

- La muerte de uno de los miembros de la familia.

- Los problemas de uno de los miembros de la familia.

- El grado de formación de los padres e hijos.

- Inestabilidad emocional de la pareja.

- Frustraciones de la pareja.

- Traumas anteriores al matrimonio.

  - Falta de un conocimiento cabal del rol de esposos.

  - Falta de cariño, comprensión y apoyo de la pareja.

  - Infidelidad.

CONSECUENCIAS

Las principales consecuencias de la violencia en la familia son:

- El fraccionamiento y abandono de la familia.

- Niños en la calle y de la calle.

- Alcoholismo.

- Drogadicción.

- Tabaquismo.

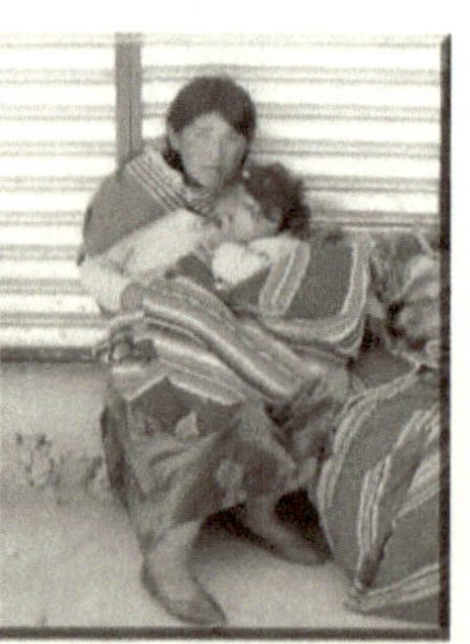

- Delincuencia.

- Prostitución.

- Embarazos no deseados.

- Exclusión social y discriminación.

- Procesos judiciales costosos y cargados de mucho rencor.

- Enemistad entre las familias de origen.

- Pérdida del trabajo y bajo rendimiento laboral.

- Frustración personal.

- Traumas en los hijos.

- Lesiones graves y muerte.

FORMAS DE EVITAR LA VIOLENCIA FAMILIAR

Para evitar la violencia en la familia debe existir:

1. Mejor y mayor comunicación.

2. Mayor comprensión y tolerancia.

3. Más amor y no perder el ritmo sexual.
4. Mejor trato a la pareja y a los hijos.
5. Seguir conquistando y seduciendo a la pareja pese a estar casados o tener hijos.
6. Cuidar la apariencia física; no engordar o vestir inadecuadamente, por el hecho de estar casados(as).
7. Dejar de lado prejuicios y una pseudomoral en cuanto a las relaciones sexuales y la sexualidad.
8. Comprender que la vida de casado es diferente a la de un soltero.
9. Consultar siempre a la pareja en decisiones importantes, para que la decisión sea en pareja y no de terceras personas.
10. Dejar de lado posiciones radicales ya sean feministas o machistas.

11. Realizar acuerdos a nivel de familia, que no impliquen la intromisión de terceras personas o familiares.

12. Evitar el consumo de bebidas alcohólicas.

13. Independizarse por completo de la familia de origen o dar preferencia a la nueva familia.

14. No depender económicamente de la pareja.

También, a nivel de gobierno se debe desarrollar todo un programa para la difusión de los derechos de los integrantes de la familia y la toma de conciencia de las consecuencias de la violencia en la familia.

PARA QUE ENTIENDAS MEJOR...

Cierto niño de nueve años, una vez le hablaba así a su papá: "Papá, ¿Por qué dices que te vas a ir de casa?, ¿Acaso no me quieres?, Y si te vas, ¿A dónde irás?, ¿Qué va a pasar conmigo? Yo sé que quieres irte, porque siempre peleas con mamá. Es tan, tan lindo estar juntitos en casa..." (y la voz del niño, ahogada por las lágrimas, quedó detenida, mientras abrazaba fuertemente a su papá).

La moraleja de esta historia es, que la familia es el pilar fundamental en la formación de los hijos, por lo cual, el accionar de los padres determinará la existencia o no, de futuros delincuentes juveniles o de grandes personalidades.

Capítulo XX
TRATA Y TRÁFICO DE PERSONAS

CARACTERÍSTICAS GENERALES

La trata y el tráfico de personas, son delitos de lesa humanidad que van en contra de la dignidad humana. Lastimosamente, en los últimos años se ha incrementado el número de casos de estas actividades ilícitas, aumentando el porcentaje de víctimas inocentes, entre ellos: niños, niñas, adolescentes y mujeres que son forzados a convertirse, por un lado, en objetos con fines sexuales y comerciales, ya que son introducidos en la prostitución, la pornografía y la pedofilia; y, por otro lado, son llevados a una explotación laboral, servidumbre y diferentes tipos de explotación denigrante.

ESTADÍSTICA ALARMANTE

Según los reportes de la **Oficina de Naciones Unidas contra las Drogas** y **el Delito** (O.N.U.D.D.) cerca de 700.000 personas son transportadas anualmente entre las fronteras para ser objeto de trabajos forzados y explotación sexual, lo que hace de este delito, el tercer negocio más rentable a nivel mundial, después del tráfico de armas y el narcotráfico; razón por la cual, se ha convertido en una de las fuentes de ganancias ilícitas, más codiciadas por **grupos de delincuentes organizados,** los cuales conforman **redes** que van desde dos o más personas, hasta

llegar a la delincuencia organizada transnacional, **en las que están involucradas las** redes de mafias internacionales **que se dedican** al tráfico de armas **y** drogas.

En Bolivia, las estadísticas son alarmantes, ya que en el primer semestre del 2017, se registró 356 denuncias de trata y tráfico de personas según la Defensoría del Pueblo, de las que el 70 % de las víctimas son niños, niñas, adolescentes y mujeres jóvenes entre 12 a 22 años de edad. Estas actividades ilícitas son penalizadas por la Ley No. 263, **"Ley contra la trata y tráfico de personas"**, porque cualquiera puede ser víctima, sin importar la edad, estado civil o condición económica.

DIFERENCIA ENTRE TRATA Y TRÁFICO

Tanto la trata como el tráfico de personas, son delitos ejecutados por redes delincuenciales, organizados a nivel internacional; sin embargo, es importante que entendamos la diferencia que existe entre "trata" y "tráfico" de personas, pues, si bien ambas transgresiones en su mayoría pueden realizarse al mismo tiempo, los delincuentes que se dedican a esto, no necesariamente actúan realizando ambas acciones.

TRÁFICO DE PERSONAS

Es el transporte o facilitación de la entrada ilegal de una o varias personas a un determinado país, del cual no son naturales ni residentes legales, sin cumplir con los requisitos exigidos por ley, a cambio de "favores" materiales y dinero.

A las personas que son trasladadas de un país a otro

ilegalmente, se las conoce como migrantes y las personas que transportan a éstas de forma ilegal, se las conoce como traficantes; en la jerga popular de otros países se los llama: "polleros", "coyotes", etc. y son los que guían a los migrantes por caminos, sendas, carreteras, ríos o medios de transporte ilegales hasta llegar a su destino, a cambio de sumas económicas cobradas con anticipación.

El "trabajo" de los traficantes termina al cruzar de una frontera a otra, ya sea por aire, agua o tierra; y una vez allá, no les importa lo que vaya a hacer o cómo sobrevivirá la persona que transportaron en condiciones extremas de inanición, malos tratos y peligros extremos.

La mayor parte de la gente que es transportada por **voluntad propia,** generalmente deja su país de origen en busca de un mejor empleo y oportunidades financieras; pero, lamentablemente, las redes de traficantes, no solo los engañan y les dan trato inhumano, sino también, una vez llegado a su destino, les quitan su dinero, los abandonan, los explotan en talleres o fábricas clandestinas, o simplemente los dejan en las calles para que éstos se dediquen a la mendicidad.

Es frecuente que las personas que son transportadas, no tengan documentos adecuados para viajar formalmente o que no tengan aprobación previa para entrar al país de destino, lo que hace que se encuentren en una situación de mayor vulnerabilidad y expuestas a todo tipo de vejámenes y maltratos.

El tráfico no siempre es voluntario; pues, existen otro tipo de víctimas, que a diferencia de las personas que contratan a los traficantes, **no van por voluntad propia, pues son llevadas por la fuerza** mediante raptos, engaños y acciones similares con el propósito de explotarlas, esclavizarlas y convertirlas en víctimas de trata.

TRATA DE PERSONAS

Es la acción de captar, transportar, trasladar, acoger o recibir personas, recurriendo a la amenaza o al uso de la fuerza, a la coacción, al rapto, al fraude, al engaño, al abuso de poder sobre un sector vulnerable, a cambio de una concesión de pagos o beneficios a una persona que tiene poder sobre la víctima. La trata tiene fines de explotación laboral, explotación sexual comercial, trabajos forzados, mendicidad forzada, actividades delincuenciales, tortura, malos tratos, esclavitud y extracción de órganos. Es una compra y venta de seres humanos.

Es una actividad ejecutada por delincuentes organizados en contra de niños, niñas, adolescentes y mujeres, utilizando la fuerza o el engaño para captar a sus víctimas, para luego trasladarlas dentro o fuera de su país con la finalidad de explotarlas.

La trata de personas puede ser **interna;** es decir, sin que exista la necesidad de cruzar fronteras, donde la víctima es trasladada de un lugar a otro dentro del mismo país, de una región a otra, ya sea rural o urbana; pero también, puede ser **externa** con cruce de fronteras legal o ilegalmente de un país a otro, donde habitualmente **los países de origen** son los que presentan mayores cuadros de pobreza y menor desarrollo, siendo **los países de**

destino, los que presentan mayor riqueza y desarrollo.

Sea cual fuera la situación, el tratante explota a la víctima para obtener beneficios económicos. También, se caracteriza porque las víctimas nunca otorgaron su consentimiento para ser torturadas ni maltratadas; y si lo hicieron de inicio, pierde su valor legal al haber sido engañadas, pues, fue producto de un reclutamiento premeditado y malintencionado.

MEDIOS PARA CAPTAR VÍCTIMAS

Los tratantes utilizan diversas formas para llegar a sus víctimas, y cada vez utilizan nuevas y más complejas maneras para hacerlo, que van desde el engaño hasta la coerción.

1. A TRAVÉS DE ENGAÑOS

-Es muy común que monten o usen agencias de empleo informales, donde ponen anuncios ofertando trabajos con excelente remuneración, sin muchos requisitos ni experiencia, y en algunos casos, ofrecen trabajo fuera del departamento o del país.

-En ocasiones utilizan los medios de comunicación para poner anuncios con falsas ofertas de empleo o prestación de servicios que son tentadoras; pero, esas empresas son montadas temporalmente, no tienen prestigio (porque son desconocidas) ni legalidad para su funcionamiento.

-Otro tipo de engaño, es ofrecer propuestas laborales tentadoras para modelos, empleadas domésticas, limpieza, talleres textiles, fincas agrícolas, salas de masaje, clubes privados, bailarinas, damas de compañía y otros.

-Dentro las formas de abordar a la víctima con engaños, están también, hacerse amigo(a) de él o ella y ganar su confianza de manera gradual, para después, con engaños invitarlo(a) a conocer el interior del país y/o "aprovechar" oportunidades de trabajo.

2. A TRAVÉS DE LA COERCIÓN

-Cada vez es más frecuente que los tratantes usen las redes sociales para captar a sus víctimas aprovechando la ingenuidad y el descuido de las mismas, que ponen sus datos e información personal a la vista de cualquier desconocido incluyendo fotos provocadoras o imágenes de los lugares donde estudian y/o trabajan, convirtiéndose por sí solas en potenciales víctimas a ser abordadas y después raptadas.

-En cuanto a las redes sociales, los menores de edad también son los más propensos, pues, al no estar conscientes del peligro que corren, entablan conversación y aceptan amistad no solo de tratantes, sino también, de personas potencialmente peligrosas que se hacen pasar por otros niños o adolescentes (entre ellos pedófilos, raptores, violadores y similares).

-Otra forma coercitiva que los tratantes utilizan para conseguir víctimas, es a través del rapto directo o sustracción de personas, a quienes las obligan a ingresar en autos para después trasladarlas, hacerlas desaparecer, venderlas y, luego explotarlas.

-Es común que éstos delincuentes actúen a la salida o entrada de las escuelas y colegios, en los mercados o ferias concurridas, terminales de buses, centros de diversión o donde exista mayor afluencia de personas; así también, pueden seguir a su víctima hasta encontrarla sola o en situación de riesgo (ebria, caminando a altas horas de la noche, etc.).

-Frecuentemente las víctimas más apetecibles suelen ser personas en situación de vulnerabilidad: personas con necesidades económicas, gente ingenua o muy confiada, personas que viven violencia doméstica, madres solteras, adolescentes rebeldes, etc.

MEDIDAS DE PREVENCIÓN

Para no ser víctima potencial de la trata y tráfico de personas, se puede asumir las siguientes acciones:

PARA LOS HIJOS

-Informar siempre a los padres, a dónde y con quién se está saliendo, y a qué hora se regresará.

Muchos adolescentes toman esta regla como una imposición infantil, sin tener en cuenta que en la trata y tráfico, mientras menos sepan los padres de los hijos, más fácil será para los delincuentes consumar el delito.

-No brindes datos personales ni expongas información de tu familia a personas desconocidas, ya sea de manera personal o a través de redes sociales.

-No publiques información personal en las redes sociales sobre tus actividades diarias, lugares que frecuentas o frecuentarás, dirección, etc.

-Ten cuidado al ingresar a los grupos de "diversión", "encuentro de parejas", "amigos con derechos" y similares, creados en whatsapp, facebook y otras redes sociales, pues, son la mayor fuente de información para los tratantes.

-Si eres acosado por alguien, hazlo conocer a tus padres y autoridades correspondientes, pues generalmente, los acosadores inducen y acosan a sus víctimas con mayor frecuencia por el miedo y el silencio que éstas guardan.

-Si te ofrecen una "oportunidad" de trabajo, infórmate sobre la legalidad, tiempo de funcionamiento y estabilidad de esa empresa. Asesórate e informa a tus padres sobre tu intención de visitar dicha empresa. No te presentes solo o sola en el lugar ni en la entrevista.

-Si realizas un viaje solo, no entables conversación con personas desconocidas, no bebas ni comas alimentos que tu ocasional acompañante de asiento te sirva, no "pruebes" perfumes y similares.

PARA LOS PADRES

-Mantenga siempre una relación de diálogo y comunicación con sus hijos para generar un ambiente de confianza.

-Enseñe a sus hijos a desconfiar de personas extrañas, a evitar entablar conversación, y no aceptar regalos o brindar datos personales.

-Conozca a los amigos y amigas de sus hijos y siempre tenga a la mano las direcciones y números de teléfono de los mismos.

-Controle a sus hijos sobre el acceso a internet y entable una conversación abierta y sincera sobre la información personal que éste envía por las redes sociales.

-Concientíceles sobre el peligro del uso de imágenes y fotografías que sube a las redes sociales; las mismas dan datos e información personal a los tratantes.

-Si le ofrecen una oportunidad de trabajo a su hijo (a), infórmese sobre la empresa y póngase en contacto personalmente con el responsable de la misma antes de cualquier entrevista.

-Enseñe a sus hijos el peligro de citarse con personas que hayan conocido en las redes sociales.

-Evite que su hijo (a) realice viajes solo y recomiéndele sobre el peligro de abordar diálogo, aceptar alimentos, bebidas o regalos durante el viaje y "probar" perfumes de muestra. 

-En el caso de los menores, no pierda de vista a los niños mientras juegan o se encuentran en áreas recreativas, terminales, baños públicos o lugares abiertos a la gente.

-En el caso de los menores, es importante que los niños conozcan la dirección exacta de su casa, el nombre completo de los padres, número de celular y el número de la policía.

-Evite enviarlos solos a la escuela, recoja y deje personalmente o con alguien de confianza al niño en su establecimiento educativo.

-Tenga fotografías recientes de su hijo o hija y guarde los documentos de identidad.

-Recuerde siempre que la prevención contra este mal, no es trabajo tan solo de la policía o de las autoridades designadas, debe ser la labor de todas las personas que nos rodean: padres, hijos, escuela, medios de comunicación, etc.; pero, reducir los riesgos de peligro solo depende de uno mismo.

PARA QUE ENTIENDAS MEJOR...

Aquella tarde de febrero en el bosque Chiquitano, un pequeño incendio que se había iniciado por accidente, empezaba a cobrar magnitud y estaba a punto de convertirse en una catástrofe para todos los seres vivos que habitaban aquella región.

Al darse cuenta de aquello, los habitantes del lugar, niños, mujeres, hombres y ancianos, alarmados por lo que veían, tomaron agua del río y con todos los elementos que tenían a su alcance, intentaron reducir la fuerza de aquella posible catástrofe.

Tras largos minutos de arduo y sacrificado trabajo, al fin, lograron reducir las llamas a tan solo unas pocas cenizas. Al ver su labor cumplida, todos ellos decidieron sentarse en las piedras y lugares cercanos para recuperar energías y descansar después de aquel arduo trabajo.

Repentinamente, algo llamó la atención de un niño que se encontraba cerca de un árbol, que se había quemado hasta casi hacerse cenizas. Por unos instantes, el pequeño mantuvo su atención en el ruido que salía de un pedazo de carbón que a la vista tenía forma de un ave extendiendo y cerrando sus alas hacia delante. Tras algunos segundos de observar aquello y no pudiendo más con su curiosidad, se levantó casi de un salto y se acercó rápidamente a aquel extraño objeto. Al verlo con más detalle, se dio cuenta que era un ave pequeña que había muerto en esa posición para proteger a su pequeña cría que aún no había aprendido a volar y que ahora se encontraba en medio de sus alas, sana y salva.

La moraleja de esta historia es que para cualquier padre o madre sus hijos lo son todo y darían su vida por ellos, es por esa razón que, como hijo (a) debes cuidarte, escuchar y obedecer los consejos que te dan por tu seguridad y no permitir que otras personas te hagan daño, pudiendo evitarlo. Pues, si ellos están dispuestos a sacrificar todo por ti, lo mejor que puedes hacer como hijo, es ser más responsable en tu propio cuidado y, así, evitar causarles dolor en sus corazones.

Capítulo XXI
TRASTORNOS DE LA PERSONALIDAD

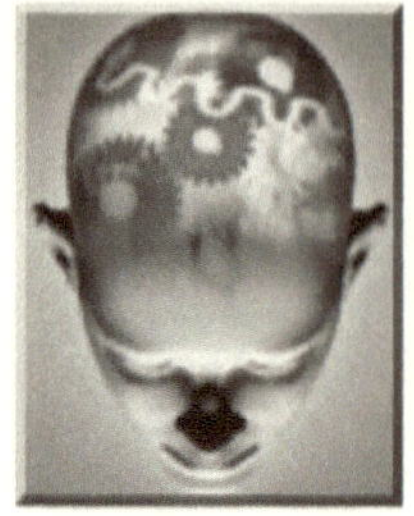

Siendo la personalidad, **el conjunto de características psicológicas, sociales** y **culturales, que determinan la forma de ser de las personas,** es importante reconocer que existe una línea delgada que separa la personalidad normal de las anormales. A estas últimas se las denomina trastornos, los cuales provocan en el individuo problemas familiares, sociales, laborales y judiciales

FACTORES QUE DETERMINAN LOS TRASTORNOS DE LA PERSONALIDAD

Los factores que determinan los trastornos de la personalidad son: El factor hereditario, el factor ambiental y el factor personal.

FACTOR HEREDITARIO

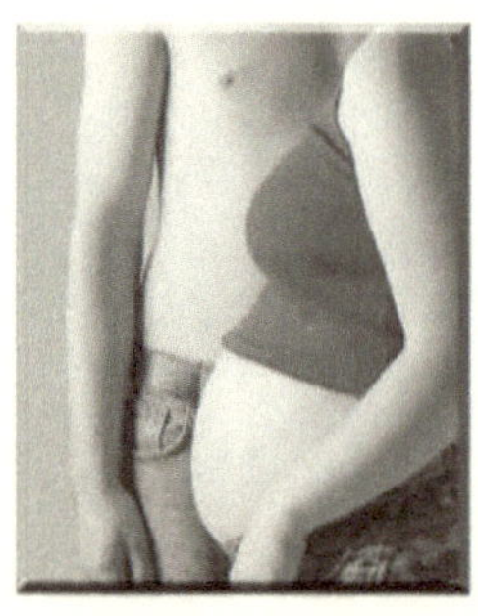

Son aquellas características que los padres les transmiten a sus hijos en el momento de la concepción, como ser: problemas de alcoholismo, drogadicción, inteligencia, tendencias criminales, deficiencias físicas y mentales, que inciden de manera poderosa para que se pueda dar un trastorno.

FACTOR AMBIENTAL

Son aquellas características que derivan de la influencia del medio físico, social y cultural, como ser: El grado de instrucción de los padres, familias criminales, la no existencia de los padres, padres divorciados, vivir en zonas marginales donde se hace una apología del delito, vivir en medio de bares, cantinas y lenocinios; pertenecer a grupos machistas o feministas, la extrema pobreza, etc.

FACTOR PERSONAL

Son aquellos rasgos de personalidad que derivan de las características físicas, fisiológicas, psicológicas, morales, sociales y culturales de la persona. 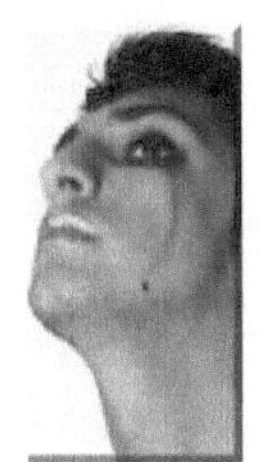

CLASES DE TRASTORNOS

Desde un enfoque psicoanalítico, existen dos trastornos de la personalidad, que son: Neurosis y Psicosis.

A. NEUROSIS

Es aquel trastorno de la personalidad que genera un gran sufrimiento interior en las personas, producto de la lucha interna entre el "Yo" y el "Ello", por lo cual la persona tiende a ser irritable, agresiva y violenta. El neurótico es exigente, tirano, celoso, susceptible, quejoso, histérico, acusatorio, etc., siendo prácticamente insoportable. 

Sus principales manifestaciones son:

TRASTORNO POR ANSIEDAD GENERALIZADA

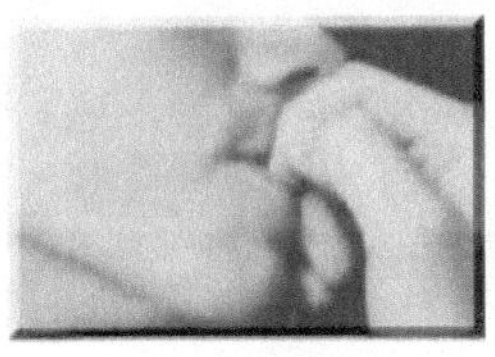

Es una manifestación de la neurosis que implica una reacción extrema de ansiedad, angustia, displacer continuo y sentimientos aprensivos, provocados por un estrés normal leve que no afectaría a una persona normal.

Este trastorno viene acompañado de síntomas físicos como palpitaciones cardiacas, transpiración copiosa, respiración entrecortada, temblores musculares, náuseas y desmayos.

TRASTORNO OBSESIVO COMPULSIVO

Es una manifestación de la neurosis que implica tener constantemente una serie de pensamientos o impulsos desagradables en la conciencia, y en desarrollar acciones para reducir la ansiedad y angustia que provocan estos pensamientos o impulsos desagradables.

Las obsesiones más comunes se centran en tomo a la violencia (miedo a matar al hijo o a la esposa), la contaminación (infectarse al estrechar la mano de alguien o al comer con cubiertos sucios) y a la duda (preguntar una y otra vez si no ha hecho algo grave, como herir a alguien en un accidente de coche). Las compulsiones llevan al individuo a contar pasos, actos, los cuadros que hay en la pared, a lavarse las manos constantemente o a tocar todas las prendas de un ropero entre otras cosas.

TRASTORNO FÓBICO

Es una manifestación de la neurosis que implica el sentir miedo con mayor intensidad y por razones muy peculiares, siendo sus manifestaciones: la agorafobia, la fobia social

y la fobia simple.

a) AGORAFOBIA

Es la fobia más grave y la más común, se expresa generalmente como una incapacidad para salir de casa, permanecer en lugares con los que no están familiarizados como teatros y grandes almacenes, conducir o viajar en autobús o en tren.

b) FOBIA SOCIAL

Es la fobia por la cual el individuo se siente aterrorizado ante una situación en la que se halla expuesto a la observación, crítica y rechazo de otros.

c) FOBIA SIMPLE

Es la fobia que implica un miedo persistente e irracional a un aspecto, evento, persona u objeto concreto de su ambiente. Si una persona tiene miedo a los animales, no visitará a una familia que tenga un cachorro; si tiene miedo a los truenos y relámpagos, bajará al sótano en una tormenta si es que vive en un edificio; si tiene miedo a los lugares cerrados, no subirá en ascensor y si tiene miedo a las alturas, no subirá al quinto piso donde trabaja un amigo.

TRASTORNO POR ESTRÉS POSTRAUMÁTICO

Es una manifestación de la neurosis que implica revivir sucesos traumáticos después de una guerra, accidente aéreo, catástrofe natural (inundación, terremoto, etc.) o cualquier tipo de desastre.

Esto provoca en la persona que la padece pesadillas, ansiedad, insomnio, aislamiento de su entorno social y falta de interés por las actividades que realizaba antes de ese suceso traumático.

TRASTORNO HISTRIÓNICO

Es una manifestación de la neurosis que implica tener una conducta teatral, reactiva y expresada intensamente con relaciones interpersonales marcadas por la superficialidad, egocentrismo, hipocresía y manipulación. Las personas que padecen este trastorno piensan que las apariencias son muy importantes.

TRASTORNO ANTISOCIAL

Es una manifestación de la neurosis que implica la violación crónica y constante de normas morales y sociales sin respetar el derecho de los demás. Las personas que padecen este trastorno (generalmente adolescentes) piensan que solo los tontos siguen las normas, sin analizar las posibles consecuencias de sus actos.

TRASTORNO SOMATOMORFO

Es una manifestación de la neurosis que implica la aparición de síntomas físicos inexplicables médicamente hablando. Las personas que experimentan este trastorno pueden quedar paralíticas, sin habla, sordas, ciegas, perder el olfato y el gusto o no sentir dolor.

Así por ejemplo, una mujer cuyo marido quiere divorciarse sufre una parálisis para aferrarse a él y mantiene este estado mientras lo necesita; así como un cantante si tiene miedo a presentarse ante un público numeroso, puede perder la voz. En este trastorno se hallan incluidos los hipocondríacos que muestran gran preocupación por padecer una enfermedad o la convicción de padecerla, se convencen a sí mismos de estar enfermos, pese a haber consultado varios médicos. Su creencia es delirante y está siempre presente, pudiendo interferir en su actividad laboral (licencias para hacerse chequeos) y social (diálogos monótonos sobre sus dolencias).

TRASTORNO DE CONTROL DE IMPULSOS

Es una manifestación de la neurosis que implica una dificultad para resistir el impulso de llevar a cabo actos que pueden ser perjudiciales para otros o para uno mismo.

En la mayoría de los casos se experimenta una tensión intensa antes de ejecutar la acción impulsiva, acción que libera de esta tensión, alcanzando consecuentemente un estado de calma. Un caso típico de este trastorno, es el cleptómano que de manera casi inconsciente toma cosas ajenas y las mete en su bolsillo o se las lleva. Comete un robo compulsivo, no por necesidad material, sino por el simple placer de hacerlo.

B. PSICOSIS

Son aquellos trastornos de la personalidad que generan en las personas una falsa apreciación de la realidad, una pérdida del sentido de la realidad, creando productos, situaciones y seres imaginarios que generalmente provocan en el psicópata un gran placer y una ansiedad extrema, que hace imposible su convivencia en la sociedad en la que se desenvuelve.

Las principales manifestaciones de la psicosis son:

ESQUIZOFRENIA

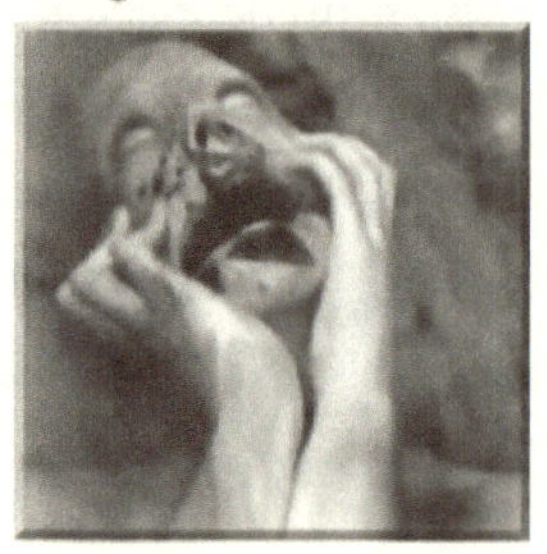

Es una manifestación de la psicosis que implica el tener una doble personalidad, generalmente una de ellas, perversa con alteraciones y perturbaciones gravísimas. El esquizofrénico rompe contacto con el mundo exterior y se sumerge en su mundo interior ficticio (autismo) perdiendo la noción del tiempo y del espacio. Esta persona es conocida como el loco.

PARANOIA

Es una manifestación de la psicosis que implica el tener delirios, los cuales son:

a) DELIRIOS DE PERSECUCIÓN

Se sienten perseguidos, piensan que todos los espían, hablan mal de ellos; por lo que recurren muchas veces, a la agresión.

b) DELIRIOS DE INJUSTICIA

Se sienten tratados de manera injusta, casi siempre plantean pleitos, quejas y recurren a la agresión.

c) DELIRIOS DE GRANDEZA

Se sienten personas importantes, de sangre azul, descendientes de reyes y, por supuesto, se sienten superiores a los demás.

d) DELIRIOS SEXUALES

Se obsesionan con amores imposibles, con personas que nunca han conocido de manera personal lo cual provoca en ellos grandes decepciones. Por eso, los paranoicos con este delirio, tienden a ser agresivos y violentos.

PIROMANÍA

Es una manifestación de la psicosis que implica una tendencia a provocar frecuentemente incendios o quemar cosas, sintiendo un gran placer al ver como se queman personas, animales, árboles, casas, fábricas, etc., sin sentir ningún tipo de remordimiento.

PARAFILIA

Es una manifestación de la psicosis, antes conocida como perversiones sexuales; implica la búsqueda incesante y enfermiza de la satisfacción del deseo sexual. El placer no se encuentra en el acto sexual propiamente, sino en alguna otra cosa o actividad que lo acompaña. Estas prácticas van cobrando cada vez mayor intensidad para llegar al orgasmo; es por eso que, incluso se puede llegar a la consumación de delitos.

TRASTORNO BIPOLAR O TRASTORNO MANÍACO DEPRESIVO

Es una manifestación de la psicosis que implica que la persona tiende a deprimirse, estar triste y ser pesimista más de lo normal, por problemas que para otros son pequeños  y, por esa razón, el suicidio siempre es una posibilidad.

TRASTORNO NARCISISTA DE LA PERSONALIDAD

Es una manifestación de la psicosis que implica el demandar atención y admiración constante por parte de los demás. Todo esto debido a que la persona narcisista se ama de manera enfermiza a sí misma, mostrando egoísmo y desconsideración frente a las necesidades y sentimientos ajenos.

TRASTORNO DISOCIATIVO O DE PERSONALIDAD MÚLTIPLE

Es un trastorno que implica la existencia de "más de una personalidad" en un mismo individuo.

De estas personalidades que coexisten en una misma persona, unas son pasivas y las otras dominadoras; generalmente, son el resultado de una experiencia infantil extremadamente traumática (horrendos castigos de una madre perturbada).

SEGÚN EL DSMIV Y EL CIE-10

Según el Manual de diagnóstico y estadística de trastornos mentales (DSM-IV) y la Clasificación internacional de enfermedades (CIE-10), se debe incluir a la clasificación que hace el psicoanálisis, un tercer trastorno de la personalidad que es la pseudopsicosis, que está conformado por un grupo de trastornos de la personalidad que no forman parte de la neurosis; pero, tampoco tienen la jerarquía de la psicosis; están en medio. Son trastornos de adaptación del individuo al medio social, que provocan sufrimiento en la persona, ya que por su forma de pensar, sentir y actuar (sumisión, dependencia, inestabilidad emocional, cambios repentinos de humor, inseguridad, incapacidad para tomar decisiones, aislamiento, evasión, dependencia de otros, etc.) es rechazado, aislado, agredido y maltratado por los demás. Estos trastornos son: el trastorno límite de personalidad, el trastorno de personalidad por evitación y el trastorno de la personalidad por dependencia.

CAUSAS Y DESARROLLO DE LOS TRASTORNOS

Para entender las causas de los trastornos de la personalidad, es necesario distinguir tres niveles: El nivel de los motivos, el nivel de los esquemas y el nivel de las estrategias.

1. EL NIVEL DE LOS MOTIVOS

En este nivel se encuentran **las necesidades básicas que toda persona tiene,** como: la de ser reconocida, ser importante para los demás, poder confiar en los demás, la autonomía propia, el respeto como ser individual, etc.

Por ejemplo, cuando un niño requiere atención o pide que se le atienda porque ha hecho algo interesante, como un dibujo, y sus padres no le prestan atención suficiente diciéndole: "Déjame, que ahora tengo cosas más importantes que hacer"; en ese momento, **las necesidades del niño no se ven cubiertas.**

2. EL NIVEL DE LOS ESQUEMAS
En este nivel se encuentran las creencias de la persona sobre

sí misma, por ejemplo: "Soy un fracasado o soy competente" y las creencias sobre cómo funcionan las relaciones con los demás, por ejemplo: "Los demás no me respetan", "No soy interesante para los demás", "No se ocupan de mí". Estas creencias definen la forma de pensar, sentir y actuar de las personas, ya que están convencidas que esto que creen es así.

3. NIVEL DE ESTRATEGIAS

En este nivel se buscan **las estrategias para cubrir necesidades básicas.** Con estas estrategias la persona intenta influir en la conducta de los demás, "manipularlos", con el fin de satisfacer sus necesidades básicas.

Las perspectivas negativas de la persona (no satisfacer sus necesidades básicas) van profundizando las alteraciones en el normal desarrollo de la personalidad, hasta llegar a los trastornos.

SINTOMATOLOGÍA

La neurosis, la psicosis y la pseudopsicosis se caracterizan por una perturbación de la actividad intelectual, el estado de ánimo y el comportamiento que no se ajusta a las normas morales y sociales; síntomas que son observables por el entorno social. Estos síntomas son: físicos (dolores, sueño), afectivos (tristeza, miedo, ansiedad), cognitivos (dificultad para pensar con claridad, creencias fantasiosas, alteraciones de la memoria), de comportamiento (conducta agresiva, incapacidad para realizar tareas corrientes de la vida diaria, abuso de sustancias) y perceptivas (distorsión de la percepción visual o auditiva).

PARA QUE ENTIENDAS MEJOR...

En cierta oportunidad, se presentó una denuncia contra un hombre que encerró por el lapso de dos años a toda su familia. Este hombre no dejaba salir a su familia (esposa e hijos) para nada de su casa, a tal punto que hizo colocar cerraduras, chapas de seguridad y barrotes en las ventanas, aduciendo que en el vecindario se habían producido robos.

Cuando la esposa o uno de los hijos se portaban mal o no le hacían caso, los encerraba en una jaula grande que tenía en el sótano e incluso les colocaba un collar.

Esta persona cumplía normalmente en el trabajo y era considerado una persona seria por sus compañeros.

Una vez que lo apresaron, fue sometido a juicio y se le hizo la correspondiente valoración psicológica. Se determinó que él sufría trastornos psicóticos. Producto de una niñez turbulenta, violentada y con muchas vejaciones por parte de una madre trastornada, que lo encerraba en una jaula similar, cuando se portaba mal y le obligaba a colocarse un collar, diciéndole: "El portarse mal es de animales y como eso te voy a tratar".

La moraleja de esta historia es, que toda conducta humana tiene su causa y, generalmente, esa causa tiene su origen en la infancia, niñez y adolescencia. Por eso, es importante que se trate correctamente a los hijos para que éstos no sufran ningún trastorno en su vida posterior.

Capítulo XXII
DELINCUENCIA JUVENIL

INTRODUCCIÓN

La delincuencia juvenil es uno de los problemas más candentes y álgidos de nuestra sociedad, producto de la gran crisis económica y de valores en la que nos desenvolvemos.

Todo esto genera un gran vacío espiritual que lleva a los niños, niñas, adolescentes y jóvenes a la comisión de delitos. En nuestro país, las personas son imputables a partir de los 16 años.

ORIGEN DEL CEREBRO CRIMINAL

Los criminales nacen y se hacen, es decir, que el factor hereditario y el factor del medio ambiente influye en el crecimiento de la delincuencia juvenil en nuestro país.

DELITO

Es todo acto que viola o transgrede una norma positiva o ley, y que está tipificado como delito en el Código Penal.

DELINCUENCIA JUVENIL

Es el conjunto de actos realizados por niños, niñas, adolescentes y jóvenes que violan y transgreden normas positivas, yendo en contra de los derechos de los demás.

PRINCIPALES DELITOS COMETIDOS POR DELINCUENTES JUVENILES

- Daños a la propiedad pública y privada.

- Peleas callejeras seguidas de lesiones.

- Violaciones.

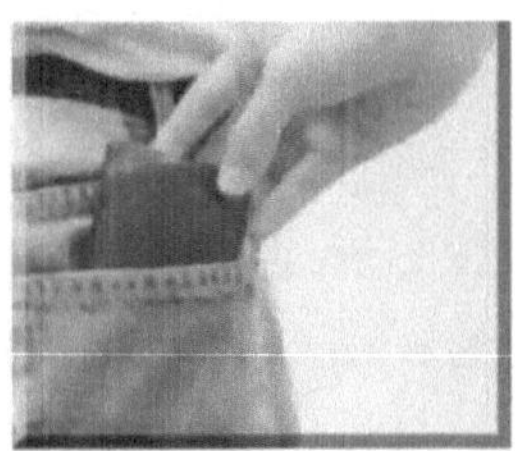

- Robos a mano armada.

- Manejo de estupefacientes.

- Prostitución encubierta.

- Alcoholismo seguido de vandalismo y actos reñidos contra la moral.

- Robo de vehículos y motos.

- Robo de carteras.

- Vagancia.

- Extorsión y amenazas a menores.

- Violencia familiar en contra de sus padres y hermanos.

- Tentativas de homicidio.

- Homicidio por emoción violenta.

- Quema de bosques y áreas verdes.

PROBLEMAS CON LA LEY

La mayoría de la gente joven no viola la ley y aquellos que lo hacen son,

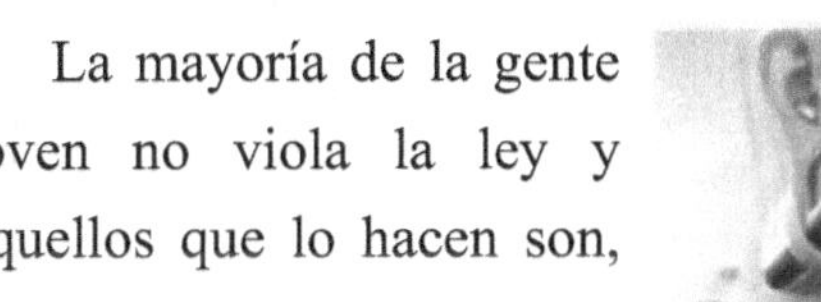

por lo general varones. Cuando lo hacen, generalmente, lo hacen una sola vez. Las ofensas repetidas pueden reflejar una cultura familiar (familias criminales y familias fraccionadas), aunque también puede ser resultado de la infelicidad (frustraciones personales) o del malestar emocional (falta de cariño, comprensión y apoyo de los padres).

Un adolescente que se mete repetidamente en problemas, expresa que existe un trastorno en él, ya que esa conducta no es normal. **PANDILLAS Y ESCUELA**

Las pandillas generalmente se originan en las escuelas y centros educativos a partir de las diferencias existentes entre adolescentes; tienen consecuencias negativas en adolescentes y niños, que no son parte de esos grupos, porque son objeto de torturas psicológicas, tormentos, terror y hostigamiento.

Las heridas sanan, pero, las cicatrices permanecen como un doloroso recuerdo de los años de la escuela y del colegio que no siempre son los mejores, ya que los daños provocados a algunos estudiantes son irreversibles.

Por estas razones, las autoridades de los centros educativos deben brindar seguridad a los estudiantes, garantizando que sean tratados con igualdad, dignidad, sin discriminación ni racismo, por el hecho de que son más débiles y más indefensos.

LA SOLEDAD Y LA DELINCUENCIA JUVENIL

El hecho que los hijos queden solos en sus casas, ya sea porque los padres están todo el día fuera del hogar trabajando, porque el matrimonio ha sucumbido o porque el hijo ha perdido a uno de sus padres, implica que los hijos vivan más tiempo junto al televisor que con sus progenitores. Entonces, no es de extrañar, que esos hijos se vuelvan agresivos, díscolos y malos estudiantes, y que más tarde, ingresen en las filas de la delincuencia juvenil.

La inmensa mayoría de los niños y adolescentes que carecen de calor y afecto de sus padres, terminan siendo inválidos emocionales, malamente integrados en la vida normal de la comunidad. Estos adolescentes se convertirán en el problema de la familia, del colegio y de la sociedad. ¿Y dónde estuvo la causa de semejante fracaso? Nada menos que en el hogar, ese mismo sitio que debería ser una escuela formativa por excelencia, fue en cambio, un lugar solitario y frío que echó a perder una vida tan llena de posibilidades.

Años más tarde esos mismos padres generalmente se preguntan "¿Por qué se ha descarriado nuestro hijo? ¿No le dimos acaso, todo lo que necesitaba?". Tal vez se le dio lo material, pero, se le privó de cariño, de amistad y de sana conducción.

¿De qué sirve que ambos esposos trabajen afanosamente fuera del hogar, para obtener mayores ingresos y gozar de mayores comodidades, si posteriormente, este proceder puede dejar secuelas negativas incurables en el carácter y conducta de sus hijos?

Pero la peor soledad que debe sufrir un hijo, consiste en ser víctima de la separación de sus padres. Todo hijo pequeño siente que el mundo se le viene encima cuando el papá o la mamá se van definitivamente, de casa. Por amor a los hijos, los padres deberían conservar una armonía conyugal y la felicidad de toda la familia.

INFLUENCIA DE LOS PADRES

Los padres ejercen una poderosa influencia en la aparición de la delincuencia juvenil, ya que la familia es la primera escuela que tiene el ser humano. Existen dos tipos de padres, el padre bueno y el buen padre.

Los padres buenos hay muchos, buenos padres hay pocos, siendo lo más difícil ser buen padre, ya que ser padre bueno no es difícil.

Un corazón blando basta para ser un padre bueno, pero en cambio, para ser buen padre se necesita voluntad, carácter y cabeza clara.

El padre bueno quiere sin pensar, dice sí a todo; pero el buen padre piensa para decir sí cuando es sí y no, cuando es no. El padre bueno hace del niño un pequeño dios que acaba siendo un pequeño demonio, pero, el buen padre no hace ídolos, porque sabe que solo hay un Dios.

El buen padre echa a volar la fantasía de su hijo dejándole crear un aeroplano con dos maderas viejas, templando su carácter y llevándolo por el camino del deber y del trabajo; pero en cambio, el padre bueno entorpece la voluntad de su hijo ahorrándole esfuerzos y responsabilidades.

El padre bueno llega a la vejez arrepentido, mientras el buen padre, a la larga es respetado, querido y comprendido.

DOCE MANERAS FÁCILES DE CREAR UN DELINCUENTE JUVENIL

1. Comienza desde la infancia al darle todo lo que desea. De esta forma creerá que, sin excepción, todo puede ser suyo.

2. Cuando diga alguna mala palabra que traiga de la calle, festéjelo riéndose de él. Esto le ayudará a recoger otras palabras y frases del mismo tenor para traerlas a la casa.

3. Espere a que crezcan para corregirlos y siempre utilice la frase "Son muy jóvenes todavía".

4. Nunca le diga que hizo algo mal. Esto le producirá un complejo de culpa. Le hará creer más tarde, cuando quizá esté arrestado por algún robo, que la sociedad está en contra de él y por eso lo persigue.

5. Recoja todo lo que haya tirado y desordenado en la casa o mejor aún, vuélvale a pasar lo tirado, como libros, zapatos y ropas. Haga todo lo que pueda por él, de modo que él aprenda a colocar toda la responsabilidad en los demás.

6. Permítale leer cualquier libro o revista que llegue a sus manos. Esto le dará una mejor comprensión de la realidad del mundo.

7. Discuta y pelee frecuentemente en presencia de sus hijos. De esta manera, ellos no se sorprenderán ni sufrirán tanto, cuando

más tarde el hogar se deshaga.

8. Déle bastante dinero a su hijo, para que lo gaste libremente. Que nunca él deba ganar su propio dinero.

9. Satisfaga todos sus deseos y caprichos de alimento, bebida y comodidad. Procure que todos sus deseos sean atendidos. El negarle algo puede producirle una frustración perjudicial.

10. Cuando su hijo haya cometido faltas o se haya metido en problemas, defiéndalo a capa y espada; póngase siempre de parte de él, en contra de los vecinos, los maestros y la policía. Todos ellos tienen prejuicios contra su hijo.

11. Cuando su hijo se haya tropezado de manera leve y se ponga a llorar esperando que usted lo levante, levántelo.

12. Sobreprotéjalos y no deje que sus hijos tengan obligación alguna en la casa como fuera de ella.

CAUSAS

Entre las causas que generan la delincuencia juvenil, podemos señalar las siguientes:

* Pobreza.

* Discriminación.

* Alcoholismo.

* Marginalidad.

* Falta de comunicación en la familia.

* Hogares fraccionados.

* Niños abandonados y de la calle.

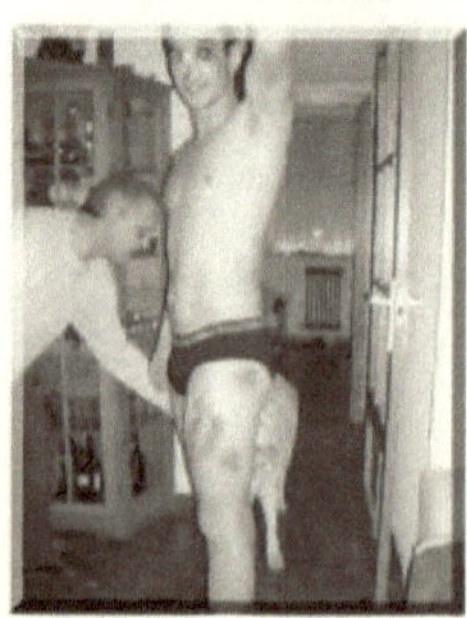

* Niños golpeados.

* Violencia ejercida por los padres, padrastros, tutores y apoderados sobre niños, niñas, adolescentes y jóvenes.

* Influencia del medio físico, social y cultural.

* Influencia de los medios de comunicación.

* Menores vagabundos y mal entretenidos.

CONSECUENCIAS.

Entre las consecuencias que genera la delincuencia juvenil, podemos mencionar las siguientes:

* Fraccionamiento definitivo de la familia.

* Aislamiento y marginalidad.

* Discriminación social.

* Consumo de bebidas alcohólicas.

* Consumo de drogas.

* Prostitución.

* Reclusión en centros penitenciarios y reformatorios.

* Violencia familiar.

* Inseguridad ciudadana.

REINSERCIÓN SOCIAL

Los delincuentes juveniles que cumplieron una pena o sanción en reformatorios, institutos correccionales o en las cárceles tienen problemas de reinserción, ya que la sociedad desconfía de ellos por su pasado delictivo, pese a que ellos cambiaron. Esto puede generar tres tipos de reacciones: resentimiento, resignación y lucha.

En el primer caso, se produce la reincidencia delictiva, porque cree que la sociedad tiene la culpa de todo lo que le pasa.

En el segundo caso, también se produce la reincidencia delictiva, porque quiere complacer a la sociedad mostrándole un delincuente juvenil mejorado.

En el tercer caso, se produce una satisfactoria reinserción social, porque el delincuente juvenil ve una oportunidad, un reto para demostrar a todos que él es una buena persona (lo ideal es que tenga el apoyo de su familia o instituciones especializadas).

PERFIL PSICOLÓGICO DE UN DELINCUENTE JUVENIL

Los delincuentes juveniles, llámese niños, niñas y adolescentes son personas frustradas (en lo físico, familiar, social, deportivo y en sus estudios), no tienen una identidad definida, pero sobre todo, son personas frágiles que buscan refugio, buscan demostrar y sentirse fuertes dentro de una pandilla, identificándose casi  siempre con el líder, adoptando su formas de vestir, hablar, actuar y pensar; llegando a asumir conductas denominadas como inconductas, bravuconadas y delitos, simplemente para quedar bien con el líder o pandilla que lo acoge. Esta conducta es asumida porque no tienen una formación integral (académica, vivencial y espiritual) y están llenos de inseguridad y miedo por su futuro.

PARA QUE ENTIENDAS MEJOR...

Cuando el Sambo Salvito que vivía en los Yungas era pequeñito, un día llegó a su casa con una agujita y su mamá le preguntó: ¿Y esa agujita?; y el Sambo Salvito le respondió: "Aunque no me lo creas mamí, yo venía caminando a la casa, me tropecé y me encontré esta agujita"; y la madre le dijo: "Qué suerte tienes hijito". Poco tiempo después, este Sambo Salvito apareció con un televisor de 20 pulgadas, a colores, y su madre le preguntó: ¿Y ese televisor?; y el Sambo Salvito le respondió: "Aunque no me lo creas mamí, había un señor en el camino que estaba cargando dos televisores, yo lo ayudé y como recompensa me dio uno de los televisores", y la madre le dijo: "Qué suerte que tienes hijito". Ya de mayor, el Sambo Salvito que ya era un Sambo Salvóte, un día se aparece en su casa con un auto rojo deportivo Mercedes Benz y su mamá le pregunta: ¿Y ese auto?; y el Sambo Salvito le responde: "Aunque no me lo creas mamí, este auto estaba estacionado en pleno camino, haciendo una trancadero terrible, los chóferes de las flotas, de los carros y los pasajeros pedían a gritos que alguien haga a un lado ese coche y, como era de esperarse, yo les hice ese favor y me lo traje para la casa ", y la madre le dijo: "Qué suerte tienes hijito ". En el fondo, la madre sabía que había algo "chueco" en todas las historias que su hijo le contaba; pero igual, aceptaba las cosas que le daba a guardar.

Con el transcurrir del tiempo, el Sambo Salvito se convirtió en un peligroso ladrón y asesino, que tenía su centro de operaciones por el camino a los Yungas. El ejército y la policía, mediante una operación combinada lo atraparon y cuando lo estaban trayendo a La Paz detenido, apareció su madre gritando: "No se lleven a mi hijo, mi hijo es bueno" y en un intento desesperado abrazó a su hijo. El Sambo Salvito, en vez de agradecerle este gesto, le mordió la oreja haciendo que un hilillo de sangre corriese por una de sus mejillas, la madre se apartó, el Sambo Salvito la miró fría y fijamente a los ojos y le dijo: ¿Por qué lloras? "Si yo soy un asesino, un ladrón es por tu culpa, cuando tú debías corregirme o llamarme la atención no lo hiciste". Con esto, la madre se apartó y se lo trajeron detenido a La Paz.

La moraleja de esta historia es, que los padres y profesores no deben ser como la madre del Sambo Salvito, que acepten y dejen hacer todo a sus hijos y estudiantes, porque la falta de disciplina es una de las causas para que se formen los grupos de delincuentes   juveniles.

Capítulo XXIII
ACOSO ESCOLAR

CONCEPTO

El acoso escolar, también conocido como hostigamiento escolar, matonaje escolar o bullying **en inglés,** es cualquier forma de maltrato físico, psicológico o verbal entre escolares de forma reiterada a lo largo de un tiempo determinado.

El acoso escolar al ser una forma **extrema de violencia escolar, es una especie de tortura,** metódica y sistemática, en la que el agresor intimida, agrede, chantajea, amenaza, humilla y aísla socialmente a la víctima, a menudo con el silencio, la indiferencia o la complicidad de sus mismos compañeros.

El maltratado queda expuesto física y emocionalmente ante su agresor o agresores, que generan en él una serie de secuelas psicológicas; ya que es común que viva aterrorizado con la idea de asistir a la escuela. Siempre se muestra muy nervioso, triste y solitario en su vida cotidiana.

Estas agresiones se dan en las aulas, patios, corredores, salones, salidas y entradas de los centros educativos.

CARACTERÍSTICAS

El acoso escolar o bullying tiene las siguientes características:

-Existen agresiones, desprecio, humillación, chantajear, etc.

-El agresor tiene un comportamiento de naturaleza agresiva.

-Se produce entre estudiantes, no importando la edad, sexo o grado escolar.

-Relación asimétrica de poder entre el agresor y la víctima.

-Son actos que tienen la intención de dañar.

-Se ejerce de manera individual o en grupo.

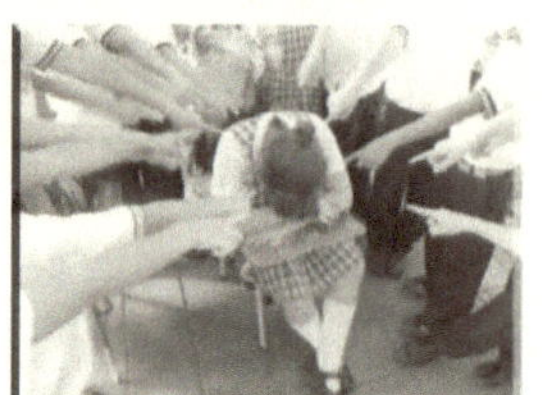

-Se acosa a una niña, niño, adolescente o joven en concreto, nunca a un grupo.

-La víctima se siente indefensa y temerosa.

-Repercute en la conducta diaria del niño.

-La víctima no tiene amigos que lo apoyen y defiendan.

-El niño no confronta al agresor, ya que siente miedo y en muchos casos terror.

 -Los otros compañeros se unen al agresor o se mantienen
   indiferentes; muy pocos son los que defienden a la víctima.

-La autoestima de la víctima disminuye de manera importante, quedando a merced del agresor, con lo que se consolida el círculo vicioso.

FORMAS EN LAS QUE SE MANIFIESTA EL ACOSO ESCOLAR

El acoso escolar se manifiesta de manera física, psicológica y social.

FÍSICA

Agrupa aquellas conductas de acoso escolar que pretenden que la víctima, realice acciones contra su voluntad. Quienes acosan al niño pretenden ejercer un dominio y sometimiento total de la voluntad de la víctima acosada.

Los que acosan son percibidos como poderosos, sobre todo por los demás, que presencian el doblegamiento de la víctima. Con frecuencia, las coacciones implican que  el niño, niña, adolescente y joven sean víctimas de vejaciones, abusos, toque de partes íntimas sin consentimiento y conductas sexuales no deseadas, que callan por temor a las represalias del agresor o agresores, sobre sí o sobre sus hermanos.

PSICOLÓGICA

 Agrupa aquellas conductas de acoso escolar que buscan hostigar y acosar psicológicamente a la víctima. Tienen la finalidad de amilanar, amedrentar, apocar y consumir emocionalmente a I la víctima (niño, niña, adolescente y .Joven), mediante la acción intimidatoria.

El desprecio, falta de respeto, ridiculización, odio, burla, menosprecio y crueldad, son los indicadores de esta modalidad. Con ella, quienes acosan buscan provocar miedo y terror en la víctima acosada.

SOCIAL

[221]

Agrupa aquellas conductas de acoso escolar que buscan bloquear socialmente a la víctima. Todas ellas **buscan el aislamiento social** y **la marginación de la víctima.** Esta conducta busca presentar socialmente al niño, niña, adolescente o joven ante el grupo de iguales, como alguien flojo(a), indigno(a), débil, hipócrita, estúpido(a), llorón, etc. No importa lo que haga y diga la víctima, todo es utilizado en su contra, para que los compañeros lo aíslen y excluyan de todas las actividades grupales realizadas dentro como fuera del centro educativo; pero, lo peor del asunto es que los compañeros piensan que **el acosado merece el acoso que recibe.**

CAUSAS

El acoso escolar se materializa por las siguientes causas:

- **Características reales o imaginarias** que se le atribuye a la víctima, como ser: Tipo de cuerpo, forma de hablar y de caminar, discapacidad, enfermedad, orientación sexual, nacionalidad, tipo de familia y  origen étnico, que es el pretexto perfecto para ejecutar el acoso escolar.

- **Una familia sin amor, sin valores y con mucha violencia intrafamiliar,** son características propias de las familias disfuncionales, fraccionadas y mal orientadas, que hacen del agresor alguien violento, que culpa a la víctima (chivo expiatorio) de sus problemas familiares, de las humillaciones que sufre y del amor que no recibe; por eso, lo acosa. Por esta misma razón, no tiene empatia, porque piensa que todos son culpables de lo que le sucede y esa es la causa para que no sienta la tristeza, el dolor, el sufrimiento y el terror de la víctima a la cual acosa.

- Un entorno escolar muy permisivo, con profesores que carecen de credibilidad y autoridad, y que sobre todo, no se actualizan. Tampoco tienen una formación adecuada para la resolución de conflictos en casos de acoso escolar ni una participación consciente en programas de prevención contra este flagelo social.

Un director y representantes de padres de familia que no apoyan campañas de prevención contra el acoso escolar, la violencia escolar y la violencia en la familia.

El acoso escolar se da por lo general en centros educativos grandes.

- El estrés, debido a la rutina diaria que se la realiza cada vez de forma más rápida y con mayor presión, provocando un estado de ánimo de alta irritabilidad y agresividad que transmitimos a nuestro entorno, descargando este estrés, como siempre, ante los más indefensos.

- Los medios de comunicación, como: la televisión, el cine, el internet e incluso los juegos en red, que producen programas, series, películas, videos, telenoticieros e incluso dibujos animados **muy violentos,** que generan mayor violencia en la sociedad; pero sobre todo, en la familia; y siendo las niñas, niños, adolescentes y jóvenes un sector vulnerable, atrapan fácilmente esos mensajes de **violencia.** Los agresores provienen de familias violentas, son los hijos abandonados, maltratados y humillados que replican en la escuela lo aprendido en el hogar, la violencia.

CONSECUENCIAS

Las consecuencias del **acoso escolar o bullying** en la víctima, son: deterioro de la autoestima, ansiedad, miedo, trastornos emocionales, depresión, fobia escolar, bajo rendimiento académico, retraimiento, falta de apetito, frustración, pesadillas, terror, una vida solitaria, suicidios y repercusiones negativas en el desarrollo de la personalidad.

Estas consecuencias se podrían evitar con **la denuncia del acoso escolar** por parte de los otros compañeros que son testigos de estos hechos penosos para la víctima, lamentablemente no lo hacen; pero **sería lo adecuado.**

PERFIL PSICOLÓGICO DEL AGRESOR

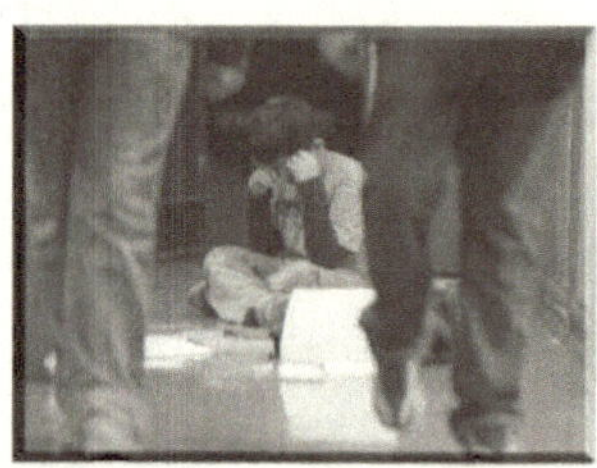

El agresor asume actitudes agresivas como una forma de expresar su situación en su entorno familiar poco afectivo, donde existe ausencia de uno de los progenitores, divorcio, violencia, abuso o humillación ejercida por los padres y hermanos mayores. Manipula a su antojo la realidad; para él, todos son culpables del poco amor que recibe, justificando así, su accionar acosador y agresivo del cual no siente remordimiento alguno. Necesita **sentirse poderoso en su fragilidad,** ejerciendo dominio sobre otro.

Puede convertirse posteriormente en un delincuente, porque se le dificulta la convivencia con los demás, cree que todo esfuerzo que realice para estar bien con sus compañeros será vano.

PERFIL PSICOLÓGICO DE LA VÍCTIMA

La víctima tiene baja autoestima, muestra irritabilidad, tristeza, angustia y depresión. Muchas veces se muestra muy callada, huraña y encerrada en sí misma.

Se niega ir a la escuela y participar en actividades de la misma, siempre busca pretextos para quedarse en casa.

Tiene problemas para dormir y pesadillas. No se relaciona con sus compañeros y no tiene amigos o tiene muy pocos.

Pese a perder o traer dañados sus útiles escolares; así como llegar golpeado de la escuela, con la ropa rota o sin algunas de sus pertenencias, evita hablar de lo que le está sucediendo o simplemente da explicaciones poco convincentes.

PREVENCIÓN

Para evitar el acoso escolar es necesario que se tomen las siguientes acciones:

PARA LOS ESTUDIANTES:

-Evitar quedarse solo en zonas donde no haya personal de la escuela.

-Hablar de lo que ocurre con los padres, tíos, amigos y aquellas personas a quienes les tenga más confianza.

-Contestar con humor a las burlas.

-Evitar responder a los ataques para no otorgar poder al agresor o agresores.

-Ante una agresión, exigir que se detengan. Contestar con calma y tratar de alejarse de manera inmediata.

-Refugiarse donde haya un amigo, docente o personal de la escuela.

PARA LA FAMILIA:

-Preocuparse por sus hijos e hijas.

-Crear un canal de diálogo.

-Aprender a escuchar.

-Estar en contacto con el personal de la escuela y buscar información sobre la relación que su hijo (a) mantiene con sus compañeros.

-Conocer a los amigos y amigas de su hijo(a) y a la gente con quienes convive a diario.

-Conocer a los amigos y amigas que tiene por internet, esto por razón del **ciberbullying.**

-Enseñarles a descifrar, entender y diferenciar el mundo real del virtual.

-Participar en las actividades extra escolares y comités de prevención contra el acoso escolar.

PARA LOS MAESTROS

-Estar alerta ante posibles tentativas de acoso escolar.

-Fomentar la comunicación, el diálogo, la participación y el trabajo cooperativo.

-Hacer cumplir las normas y reglamentos internos de la escuela.

-Participar en el desarrollo de programas de prevención e intervención contra el acoso escolar **(bullying)** en el contexto educativo.

-Incorporar herramientas lúdicas que refuercen una convivencia armónica en la comunidad escolar.

-Crear un comité contra la violencia escolar.

-Promover el respeto a los derechos de los niños, niñas, adolescentes y jóvenes.

-Enseñar a los estudiantes, que nadie puede abusar de ellos física, psicológica, moral ni sexualmente.

-Capacitarse en la resolución de conflictos, en especial los que tengan que ver con el acoso escolar, la violencia en la escuela y la violencia intrafamiliar.

PARA LA SOCIEDAD:

-Las campañas anuales de sensibilización también pueden funcionar para prevenir el acoso escolar.

-En cuanto a los medios de comunicación, deberían controlar y regular los contenidos violentos que emiten.

-La sociedad en general debe prevenir y reprimir toda forma de acoso escolar.

Un día cuando Kevin, un niño de 11 años llegó a su curso con el pelo rapado porque se estaba sometiéndo a un tratamiento de quimioterapia por el cáncer que tenía, fue víctima de bullying por parte de sus compañeros, que lo aislaron y se burlaron de él por su apariencia.

Su profesor al percatarse de esta situación, que provocó en su estudiante una fuerte depresión, llamó a la reflexión a sus estudiantes.

Al día siguiente, el profesor se presentó en el aula ante los compañeros de Kevin con la cabeza rapada, como símbolo de su apoyo y solidaridad con su estudiante. Los compañeros de Kevin quedaron impactados con la actitud de su profesor, siguiendo muchos de ellos su ejemplo.

La moraleja de esta historia es, que nadie está libre de tener problemas, y en el caso del **bullying,** *los compañeros deben colocarse por un momento en los zapatos de la víctima y* **DENUNCIAR VALIENTEMENTE** esta situación de manera abierta o discreta *al profesor de más confianza, personal de la escuela, director o algún representante de padres de   familia.*

Capítulo XXIV
INTELIGENCIAS MÚLTIPLES

Siempre se ha considerado inteligentes a aquellas personas que tienen buenas notas, buena memoria y que gustan de las ciencias exactas; pero la concepción misma de la inteligencia, como esa **capacidad de solucionar problemas,** no debe abarcar simplemente el pilar de lo académico, sino también los pilares de lo vivencial, lo espiritual y la conciencia social, que son parte de la formación integral de las personas.

Es hora de pensar que existen nuevas realidades y romper esquemas tradicionales sobre la concepción de la inteligencia y dar paso a nociones nuevas, como la **Teoría de las Inteligencias Múltiples.** En otras palabras, para ser deportista de élite, artista, comerciante, músico, ambientalista, empático, buen esposo, buena madre, etc., se debe ser inteligente.

TEORÍA DE LAS INTELIGENCIAS MÚLTIPLES

En oposición a la concepción clásica de la inteligencia, el psicólogo, historiador y sociólogo **Howard Gardner,** plantea que la inteligencia es la **"capacidad de resolver problemas a partir de la creación de productos que son valiosos en uno o más ambientes culturales",** señalando también, que así como existen diferentes tipos de problemas por solucionar, también hay muchos tipos de inteligencia, que ayudan a solucionar esos problemas. Defiende la existencia de una variedad de inteligencias que operan en combinación.

De este modo, Gardner plantea la **Teoría de las Inteligencias Múltiples,** que postula la existencia de ocho tipos de inteligencias: La espacial, la musical, la lógico-matemática, la lingüística, la corporal - kinestésica, la intrapersonal, la interpersonal y la naturalista.

Todas las personas poseen, desarrollan y usan estas ocho inteligencias, pero, por motivos de preferencia o vocación, las personas suelen destacarse en unas más que en otras, siendo los individuos una colección de habilidades y potencialidades.

Considerando lo señalado se procederá a explicar una a una las diferentes inteligencias.

INTELIGENCIA ESPACIAL

Es la capacidad de percibir y modificar mentalmente la forma, disposición y ubicación de los objetos en el espacio. Gracias a esta inteligencia se posee gran sensibilidad al color, la línea, la forma, el espacio y las relaciones que existen entre estos elementos.

Suele distinguirse en marineros, ingenieros, cirujanos, escultores, pilotos, arquitectos, escenógrafos, pintores, artistas plásticos, estilistas, fotógrafos, topógrafos y decoradores.

Permite a los estudiantes percibir la realidad, hacer reproducciones mentales, reconocer objetos en diferentes circunstancias, comparar objetos, relacionar colores, líneas, formas, figuras, peso y espacio.

Este tipo de inteligencia se desarrolla mediante la creación de dibujos, mapas mentales, collage, gráficos de computadora, etc.

INTELIGENCIA MUSICAL

Es la capacidad para entender o comunicar las emociones y las ideas a través de la música en composiciones y su ejecución.

Suele distinguirse en compositores, músicos, bailarines, críticos musicales, directores de coros y orquestas, cantantes y profesores de música.

Permite a los estudiantes desarrollar su memoria, reconocer, crear y reproducir composiciones musicales, crear melodías, ritmos y diferenciar los distintos tonos.

Este tipo de inteligencia se desarrolla mediante el uso de patrones rítmicos, canto, tarareo, juegos rítmicos, música grabada, discriminación de sonidos, ejecución instrumental, escuchar y analizar canciones.

INTELIGENCIA LÓGICO-MATEMÁTICA

Es la capacidad para resolver problemas matemáticos y resolver operaciones abstractas de lógica simbólica o matemática.

[232]

Suele distinguirse en científicos, matemáticos, físicos, ingenieros, contadores, economistas y auditores.

Permite a los estudiantes desarrollar su capacidad de análisis, realizar cálculos complejos, abstracciones y razonar científicamente.

Este tipo de inteligencia se desarrolla mediante actividades que fortalezcan la inteligencia lógico-matemática, uso de laberintos, crucigramas, estadísticas y análisis e interpretación de gráficas.

INTELIGENCIA LINGÜÍSTICA

Es la capacidad de usar el lenguaje oral y escrito de manera correcta, coherente y efectiva, para informar, comunicar, persuadir, entretener y adquirir nuevos conocimientos.

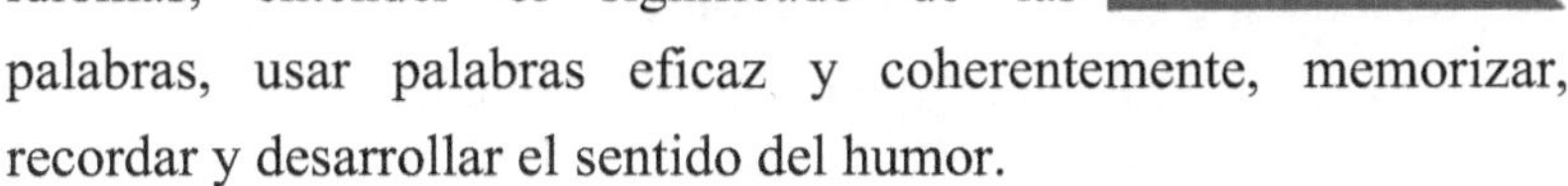

Suele distinguirse en abogados, comerciantes, escritores, poetas y lingüistas.

Permite a los estudiantes aprender idiomas, entender el significado de las palabras, usar palabras eficaz y coherentemente, memorizar, recordar y desarrollar el sentido del humor.

Este tipo de inteligencia se desarrolla mediante la lectura comprensiva, diálogos, debates, composiciones, contando y escuchando cuentos, poesías, narraciones, idiomas y trabalenguas.

INTELIGENCIA CORPORAL- KINESTÉSICA

Es la capacidad de utilizar el propio cuerpo para realizar actividades o resolver problemas.

Suele distinguirse en deportistas, bailarines, mimos, artesanos, agricultores, joyeros y carpinteros.

Permite a los estudiantes desarrollar habilidades manuales, utilizar el cuerpo para expresar ideas y sentimientos, percibir la conexión del cuerpo con la mente, desarrollar habilidades para la mímica y mejorar las funciones corporales.

Este tipo de inteligencia se desarrolla mediante caminatas, baile, coreografías, prácticas deportivas, juegos, mímicas y teatro.

INTELIGENCIA INTRAPERSONAL

Es la capacidad para conocer nuestro mundo interno, emociones, sentimientos, aspiraciones, anhelos, ideas, preferencias, convicciones, fortalezas y debilidades propias. Es **la inteligencia emocional** pregonada por **Goleman.**

Suele distinguirse en psicólogos, filósofos, terapeutas, consejeros, empresarios e investigadores.

Permite a los estudiantes autoevaluarse, concentrarse, reflexionar, metacognizar, establecer metas y autodisciplina.

Este tipo de inteligencia se desarrolla mediante la preparación de autobiografías, cuestionarios socio-económicos, inventarios, historias personales, reflexiones, diarios, análisis subjetivos y proyecciones personales.

INTELIGENCIA INTERPERSONAL

Es la capacidad que permite entender a los demás, comunicarse y trabajar con ellos.

Suele distinguirse en periodistas, trabajadores sociales, maestros, psicólogos, administradores y vendedores.

Permite a los estudiantes desarrollar su capacidad para captar los sentimientos y necesidades de los otros, entablar relaciones de amistad y compañerismo, liderazgo, trabajo en equipo, establecer diferencias entre las personas, comunicación verbal fluida y desarrollar su empatía.

Este tipo de inteligencia se desarrolla mediante actividades que implican trabajo grupal, solución de conflictos, entrevistas, discusiones en grupo, tutorías, trabajo y evaluación en pares.

INTELIGENCIA NATURALISTA

Es la capacidad de observar, reflexionar y entender a la naturaleza en una convivencia armónica, así como el cuidado del medio ambiente.

Suele distinguirse en biólogos, herbolarios, veterinarios, paisajistas, ecologistas y agrónomos.

Permite a los estudiantes desarrollar la habilidad de reconocer y clasificar plantas, animales, insectos y minerales; manifestar conciencia ambiental, identificarse, amar y relacionarse con la naturaleza.

Este tipo de inteligencia se desarrolla mediante actividades realizadas al aire libre, excursiones, presentación de herbarios, insectarios y colección de minerales, estudios de campo, cultivos, cuidado de animales y plantas, así como proyectos de reciclaje.

RECOMENDACIONES PARA PADRES Y PROFESORES

Cada una de las inteligencias mencionadas permiten al ser humano, en mayor o menor medida, alcanzar sus objetivos y su felicidad; por ello, es importante fortalecer el desarrollo de las mismas.

Por esta razón, los padres de familia y maestros deben considerar importante, el desarrollo de las inteligencias múltiples, a través de:

- Propiciar un ambiente agradable y seguro tanto en casa como en el aula, apoyando y no ejerciendo una presión asfixiante por los deberes escolares.

- Fomentar en el adolescente la reflexión sobre las capacidades y debilidades que posee. Siempre alentándolo a la superación personal.

- Estimular y dar instrucción adecuada a los hijos y/o

estudiantes, reconociendo sus diferencias.

- Permitir que el adolescente elija, en determinadas ocasiones, el modo en que quiere trabajar y estudiar; estableciendo previamente límites y reglas claras.

- Realizar actividades en las que se fortalezca dos o más inteligencias.

- Planificar actividades, considerando los intereses y capacidades del adolescente.

PARA QUE ENTIENDAS MEJOR...

Esta es la historia de un soldado que por fin regresaba a casa, después de haber combatido en la guerra por su país, llamó por teléfono a sus padres: "Papá soy yo, por fin he vuelto; pero, quiero pedirles un favor, me gustaría llevar a un amigo a casa"; "Seguro" le respondió el padre: "Nos encantaría conocerlo"; "Pero, hay algo que tienen que saber, él fue fuertemente herido en combate, tropezó con una mina y solo tiene una pierna y un brazo, no tiene donde ir, quiero que vaya a vivir con nosotros"; "Nos duele oír eso, posiblemente podamos ayudarlo a encontrar un lugar donde pueda vivir"; "No, papá, no me has entendido, quiero que viva con nosotros"; "Hijo, no sabes lo que estás pidiendo, alguien con un problema así, podría ser un enorme estorbo para nosotros; tenemos que vivir nuestras vidas, no podemos permitir que algo como eso, interfiera en nuestras vidas ahora que has vuelto, yo creo que deberías venir a casa y olvidar a ese joven, ya encontrará una forma de salir adelante". El hijo colgó el teléfono, los padres no volvieron a saber nada de él; sin embargo, algunos días después, recibieron una llamada de la policía, su hijo había muerto al caer de un edificio. La policía concluyó que se trataba de un suicidio.

Los sorprendidos y asustados padres fueron conducidos a la morgue para identificarlo. Efectivamente, era su hijo; pero, para su horror descubrieron algo que no sabían, su querido hijo solo tenía un brazo y una pierna.

La moraleja de esta historia es, que en la vida, todos tenemos un destino que cumplir, un espacio que llenar. No permitamos que nada ni nadie nos impida conocer y compartir la maravillosa esencia de nuestro ser, solo porque no aprendemos igual, ni tenemos los mismos intereses y necesidades, o simplemente, porque no tenemos las características e inteligencia que ellos quieren encontrar en nosotros.

Muchos padres quieren que sus hijos sean licenciados, doctores, ingenieros, abogados, militares, policías o deportistas de élite, sin tomar en cuenta sus verdaderas habilidades y potencialidades. Los obligan a ingresar a una carrera por el "qué dirán" los demás, generando una gran frustración en ellos y, por supuesto, su infelicidad.

Capítulo XXV
PENA DE MUERTE Y EL SECRETO DE LA VIDA

Los hombres son seres temporales, ya que tienen un principio y un fin. Mientras no llegue ese fin, el hombre debe hacer historia para que su existencia trascienda más allá de la muerte. Lamentablemente, las personas solo valoran y le dan sentido a sus vidas cuando están frente a la muerte.

EL ESTUDIO DE LA MUERTE

En el pasado, la muerte formaba parte de la vida cotidiana de las personas, ya que era muy frecuente que las personas se enfermen o pierdan la vida, por lo cual se temía a la muerte. Con el progreso de la medicina, la muerte ha sido relegada del centro de la existencia diaria de muchas personas y se ha convertido en uno de los pocos temas de los que nos cuesta hablar.

En los últimos tiempos, ha surgido una actitud más adecuada frente a la muerte, una actitud que trata de entenderla, de estudiar los aspectos emocionales, prácticos y morales, que conlleva el intentar que su inevitable llegada sea lo más positiva posible, tanto como para el que va morir, como para el que sobrevive.

TANATOLOGÍA

Es el estudio de la muerte y de sus procesos.

Esta disciplina está despertando mucho interés al reconocer que la muerte puede enseñarnos mucho sobre la vida.

CONCEPTO

La pena de muerte o pena capital es la sanción penal que le impone el Estado, a través de su poder judicial, al delincuente, privándole de la vida. Su ejecución tiene muchas variantes, pero, una sola finalidad, matar.

Por lo tanto, se concluye que la pena de muerte es la eliminación definitiva de los delincuentes que han demostrado ser incorregibles y un peligro grave para la sociedad.

No se debe confundir la pena de muerte con los **linchamientos,** que son una manifestación de protesta de la gente ante la falta de justicia.

LA PENA DE MUERTE Y LOS DERECHOS HUMANOS

El art. 3 de la Declaración Universal de los Derechos Humanos sostiene: "Todo individuo tiene derecho a la vida, la libertad y la seguridad de su persona". Esto implica un principio de equilibrio universal, el respeto a la vida, pero, cuando un delincuente rompe este equilibrio privando de la vida a su semejante,

ese mismo individuo está renunciando a su propio derecho a la vida.

LA PENA DE MUERTE EN SOLIVIA

En Bolivia no existe la pena de muerte, la máxima pena corporal es 30 años sin derecho a indulto.

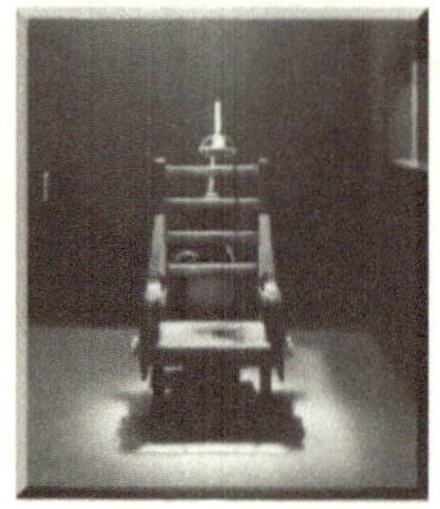

La implementación de la pena de muerte en nuestra sociedad cambiaría la conducta de las personas, ya que generaría un estado de shock, un clima de tensión, miedo y estrés; pero también, generaría en los familiares de los condenados a la pena capital, un fuerte resentimiento social para con la sociedad.

ALTERNATIVAS FRENTE A LA PENA DE MUERTE

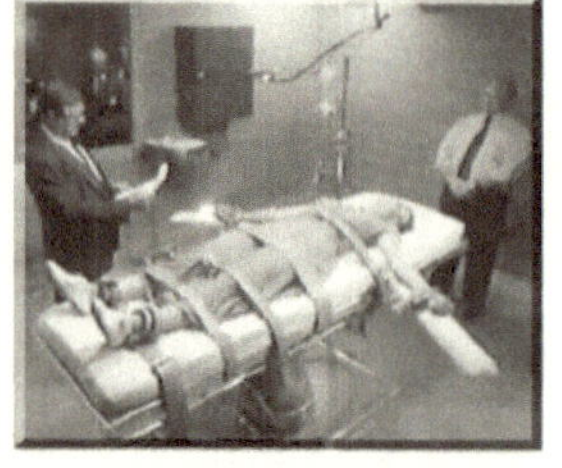

Muchos consideran a la pena de muerte muy dura y poco civilizada, por lo que proponen en los casos de terrorismo, la CADENA PERPETUA, privándole al delincuente de su libertad de por vida y la CASTRACIÓN QUÍMICA en el caso de los violadores.

ACTITUD DEL ADOLESCENTE FRENTE A LA MUERTE

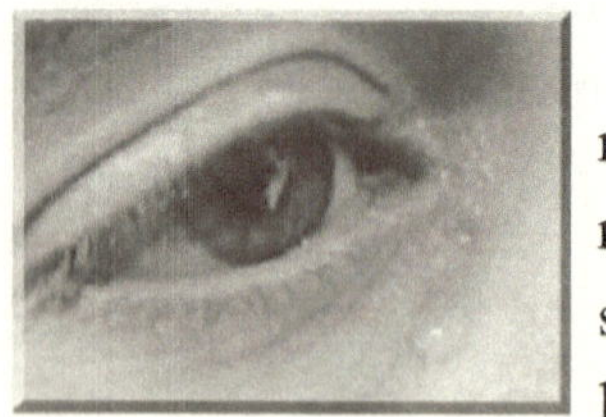

Los adolescentes comprenden que la muerte llega para todos y que su llegada no debe ser considerada como un castigo, sino como una parte normal del ciclo de la vida. Este conocimiento gradual se debe en parte, al desarrollo cognitivo normal; pero también, a las propias experiencias individuales. Los adolescentes con una enfermedad crónica (cáncer, diabetes terminal, problemas renales crónicos, SIDA o cualquier enfermedad terminal, sin cura o contagiosa) y los que han perdido a uno de sus padres adquieren rápido el significado de la muerte.

Los adolescentes y los jóvenes raras veces piensan en ella, porque lo normal es que no sea una amenaza inminente, ni para ellos ni para las personas que les rodean. Normalmente, es en la madurez cuando la mayoría de las personas aceptan el hecho de que morirán, por lo que realizan cambios importantes en sus vidas; pero, **lo ideal sería que los adolescentes mientras tengan buena salud, vitalidad y energía, comprendan que la vida es hermosa y se la debe vivir responsablemente.**

EL VALOR DE LA VIDA Y EL ADOLESCENTE

Los años vividos en la adolescencia pueden ser los más hermosos y emocionantes en la vida del ser humano; por lo cual, se debe valorar cada instante, cada momento, cada día, porque mañana siempre será un día diferente. Esto se lo expresa en el siguiente poema:

Para comprender el valor de una vida,

habla con el sentenciado a muerte o una persona

con una enfermedad terminal que no tiene cura.

Para comprender el valor de un año, habla con
un alumno que reprobó el curso.

Para comprender el valor de un mes, habla
con una madre embarazada.

Para comprender el valor de una semana,
habla con el redactor de un semanario.

Para comprender el valor de un día, habla con
el obrero que tiene varios hijos.

Para comprender el valor de una hora, habla
con los amantes que ansían verse.

Para comprender el valor de un minuto,
habla con el pasajero atrasado de un tren.

Para comprender el valor de un segundo,
habla con quien sobrevivió a un accidente.

Para comprender el valor de una milésima
de segundo, habla con quien obtuvo la
medalla de plata en una olimpiada.

RESPETO A LA VIDA

Existen en Bolivia sectores que piden que se implemente en nuestro país la pena de muerte, a raíz de la 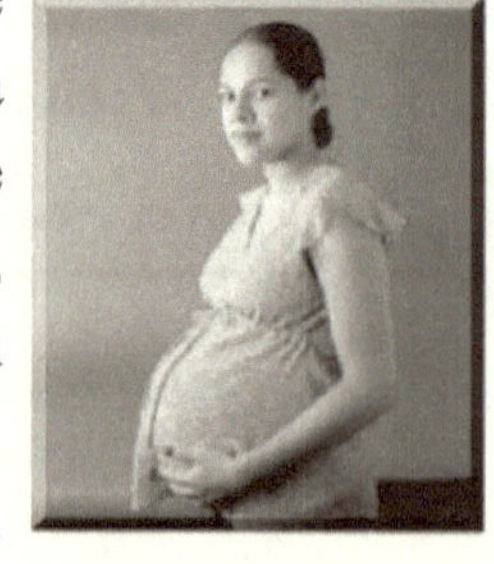 violación seguida de muerte de niños y de algunos crímenes atroces que se cometieron, sin analizar las secuelas funestas que dejarían en los niños, adolescentes y j ó v e n e s, q u i e n e s cambiarían sus conceptos, valores, juicios y principios con respecto a la vida. Por suerte, una gran mayoría pide RESPETO A LA VIDA, por considerarla un regalo de Dios y producto del amor.

PARA QUE ENTIENDAS MEJOR...

En la pequeña sala de la muerte estaban por ajusticiar a un criminal. Una loca carrera de robo y asesinato ahora llegaba a su fin con la pena capital. Pero antes de la ejecución, se le dijo al condenado: "Se te concede un favor, ¿Qué deseas?"; "Quiero que llamen a mi madre y la traigan aquí", contestó el joven. Y cuando la madre apareció, el muchacho dirigió las siguientes palabras a los presentes: "Toda mi desgracia se la debo a esta mujer. Cuando yo era niño y hacía algo malo, ella nunca me corregía. Si robaba alguna cosa, nunca me decía que no debía hacerlo. Es más, muchas veces llevé a mi casa el producto de mis robos y ella los recibía con gusto. Y así fui descendiendo en el camino del delito y del crimen". Dicho esto, ante el desconcierto de las autoridades y los demás presentes, el condenado se arrojó sobre su madre y la hirió en el rostro.

La moraleja de esta historia es, que los padres no tienen que disculpar fácilmente los errores de los hijos. El verdadero amor también incluye la corrección y la disciplina, que administradas sabiamente puede prevenir a tiempo males que más tarde podrían ser irreparables en el carácter y en el destino de los hijos. Los profesores de la misma manera, no pueden aceptar todo de sus alumnos, porque deben formar de manera integral a sus jóvenes estudiantes. En el caso concreto de la pena de muerte para los grandes delincuentes, hay que tomar en cuenta que todo tiene una causa y esa causa generalmente está en la misma sociedad.

Capítulo XXVI
DROGADICCIÓN

INTRODUCCIÓN

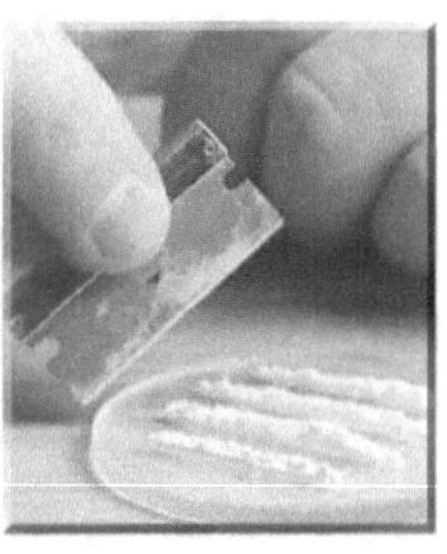

Vivimos en una cultura de la droga, desde la mañana cuando tomamos cafeína o tefilina en el desayuno, hasta la noche en que podemos relajamos al volver a la casa, con un aperitivo alcohólico o un inductor del sueño como un somnífero recetado por el médico.

Estamos utilizando diferentes sustancias que afectan a nuestro Sistema Nervioso Central. Muchos además nos activamos a medida que transcurre el día, aspirando nicotina.

DROGA

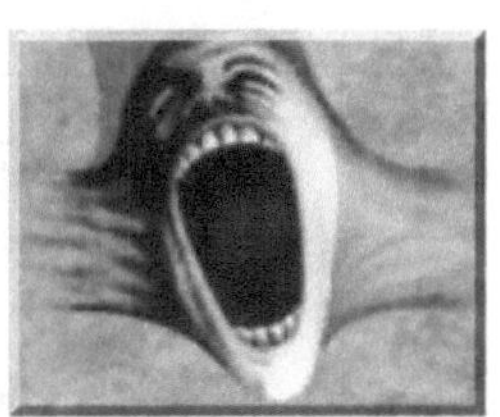

Es toda sustancia que introducida en nuestro organismo de manera oral, nasal, intravenosa y de manera cutánea, provoca cambios de conducta.

DROGADICCIÓN

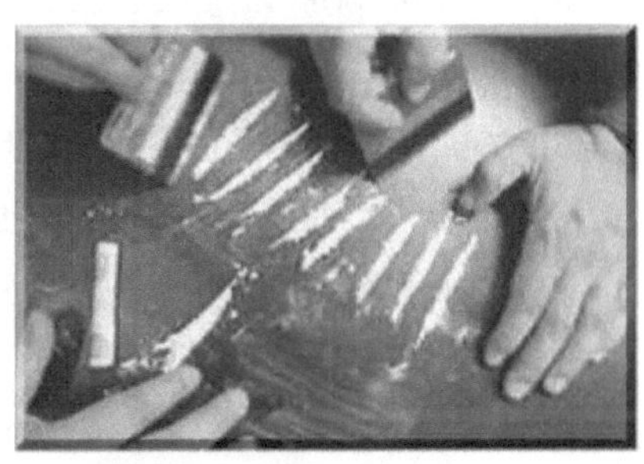

Es el consumo de drogas y sus efectos a partir de la interacción entre un organismo vivo y una droga, caracterizado por modificaciones de comportamiento y su posterior dependencia. Al hablar de dependencia de una droga nos referimos al uso compulsivo de éste, en mayores cantidades y cada vez más fuertes.

ADICCIÓN

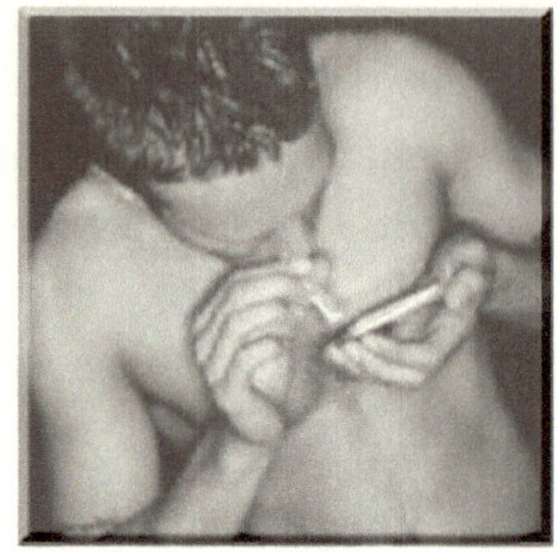

Es la IMPERIOSA NECESIDAD que una persona tiene de consumir cualquier clase de droga como: marihuana, cocaína, inhalantes, tranquilizantes, alucinógenos, bebidas alcohólicas, etc.

Esta necesidad no desaparece a pesar que la persona consumidora sufre las consecuencias negativas producidas en el momento del consumo y después de usarlas. Se trata de una necesidad física y psicológica.

EL ADOLESCENTE Y LAS DROGAS

La adolescencia es un periodo de crisis, de profundos cambios y de nuevas adaptaciones, que son superados por la gran mayoría. Existe una minoría que no puede superar las dificultades propias de la adolescencia, por lo que acuden a las drogas, porque ven en ellas una válvula de escape a sus problemas, pero casi siempre, resulta que **el remedio es peor que la enfermedad.**

INFLUENCIA DE LA FAMILIA

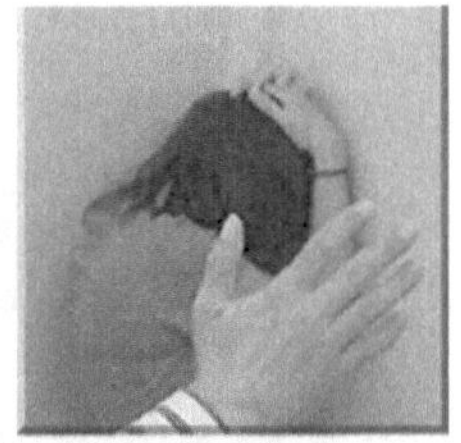

Estadísticamente está demostrado que los adolescentes que tienen problemas con drogas provienen de hogares fraccionados, hogares donde existen padrastros, madrastras y hermanastros(as); hogares donde existe el autoritarismo de los padres, donde reina la violencia, donde por razones de trabajo se abandonan a los hijos; donde no hay comunicación, cariño, atención y amor.

LOS AMIGOS Y EL CONSUMO DE DROGAS EN LA ADOLESCENCIA

Si el adolescente no encuentra apoyo, comprensión, estímulo y amor en la familia, busca refugio en los "supuestos amigos", quienes influyen poderosamente en él, porque su autoestima ha bajado a niveles de desesperación e inutilidad. Si estos amigos están en la misma situación o peor (por lo general es así), pueden ser factor determinante para el consumo de drogas, ya que en el grupo, los adolescentes se sienten fortalecidos y poderosos; no les importa consumir drogas, con tal de ser aceptados o seguir perteneciendo al grupo.

Amigos hay muy pocos y esos pocos te dicen lo que estás haciendo mal y lo que estás haciendo bien, no te aceptan todo.

TIPOS DE DROGAS

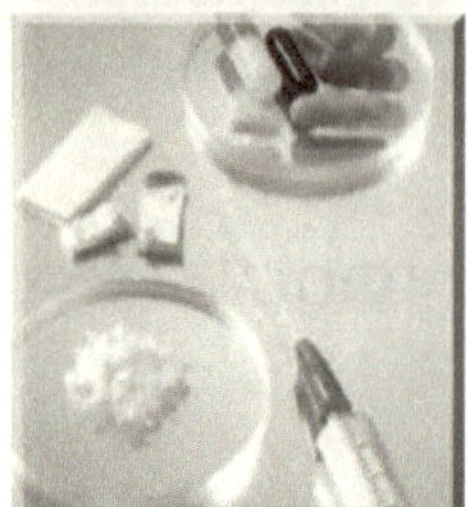

- Narcóticos neurolépticos.

- Ansiolíticos.

- Somníferos o barbitúricos.

- Grandes Narcóticos.

- Opio y sus derivados.

- Alucinógenos.

- LSD (Ácido lisérgico).

- Éxtasis.

- Metanfetamina.

- Marihuana.

- Estimulantes vegetales.

- Cocaína.

- Pasta base de cocaína.

CAUSAS
FISIOLÓGICAS

- Inclinación hereditaria al consumo de drogas.

- Deficiencias en el funcionamiento de varios órganos.

- Enfermedades.

- Por aliviar dolencias o tensiones.

PSICOLÓGICAS

- Curiosidad.

- Soledad.

- Sentimientos de culpa.

- Frustraciones.

- Pérdida de autoestima.

- Angustia.

- Búsqueda de emociones.

SOCIALES

- Presión del grupo social.

- Necesidad de imitar.

- Carencia de valores.

- Falta de una formación integral.

- Percepción negativa de la familia.

- Falta de relaciones afectuosas con los padres.

- Falta de interés de los padres en la vida de sus jóvenes hijos.

- Falta de disciplina.

- Falta de tiempo para la familia.

- Bajo rendimiento escolar.

- Influencia de los medios de comunicación.

CONSECUENCIAS FISIOLÓGICAS

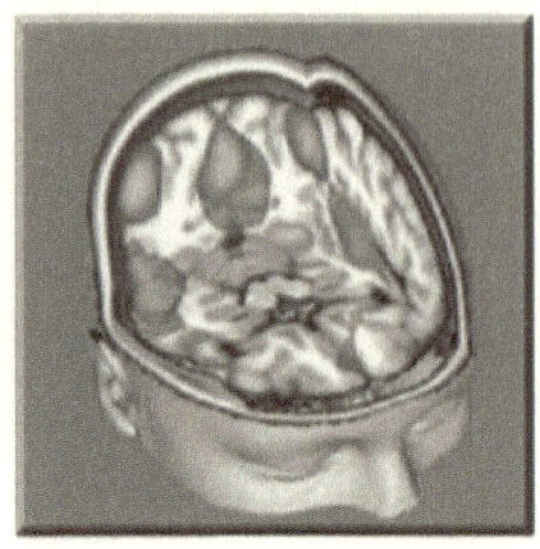

- Daño en los nervios del cerebelo que controlan los movimientos, existiendo una falta de coordinación.

- Temblores y agitación incontrolable.

- Síndrome de muerte súbita.

- Leucemia.

- Se pierde la agudeza visual, el olfato y el gusto.

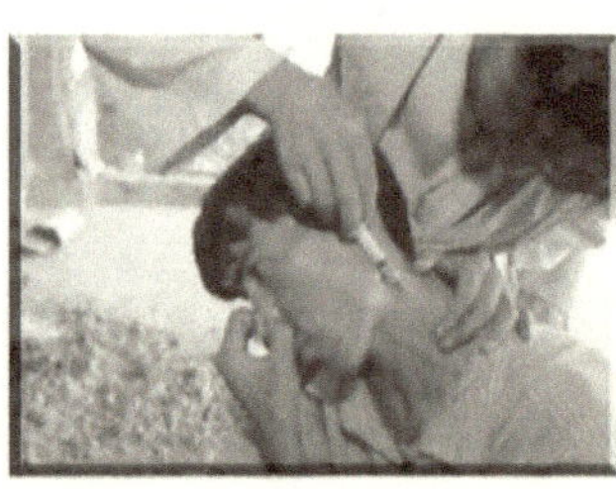

- Ceguera y sordera.

- Se destruye las células que envían el sonido al cerebro.

- Falta de capacidad para transportar oxígeno a la sangre.

- Asfixia.

- Irritaciones en las mucosas nasales y tracto respiratorio.

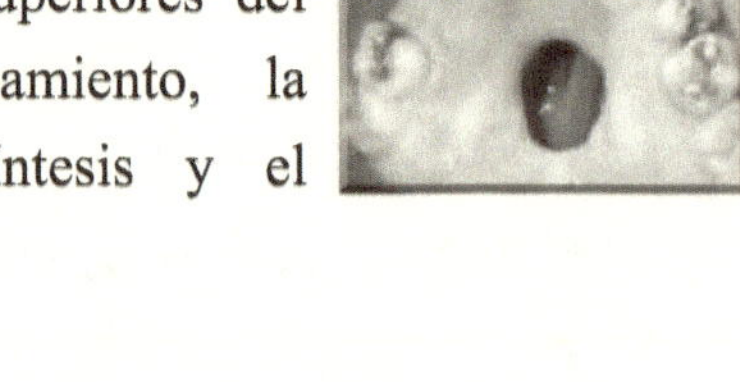

- Se alteran las funciones superiores del cerebro como el razonamiento, la capacidad de análisis, síntesis y el espíritu crítico.

- Ojos enrojecidos.

- Afecciones bronquiales y otros problemas de salud.

- Náuseas y excesivo dolor de cabeza.

- Tos crónica.

- Problemas cardiacos.

PSICOLÓGICAS

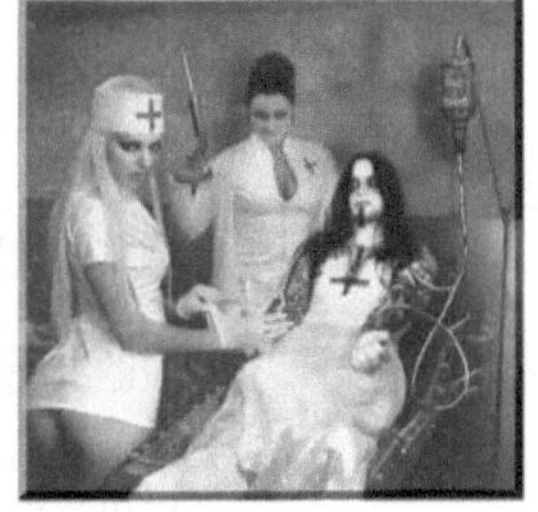

- Cambios repentinos de personalidad y excesos de mal humor sin explicación de causa aparente.

- Notable caída en el rendimiento escolar o abandono de los estudios.

- Alejamiento de la compañía de otras personas.

- Pérdida de interés en las actividades favoritas, tales como deporte, música, juego, etc.

- Incorporación a un nuevo grupo de compañeros de la misma edad.

- Recepción de llamadas telefónicas de personas desconocidas.

- Aumento de riñas y peleas en el seno de la familia.

- Excesiva hostilidad para con los demás.

- Presencia de instrumentos necesarios en el consumo de drogas, sospechosa aparición de comprimidos, frascos de colirio, jarabes y envases de medicamentos.

- Alteración acentuada en el apetito.

- Incapacidad para cumplir con las responsabilidades.

- Distracción, cambios de humor y risas excesivas.

- Actividades antisociales tales como mentir, robar, faltar al colegio, etc.

- Cambios en los hábitos de higiene y en la alteración de la apariencia personal.

- Actitudes furtivas o impulsivas, uso de anteojos obscuros aunque no haya exceso de luz.

- Uso de camisas de mangas largas incluso en días calurosos.

- Reacción defensiva cuando se mencionan las drogas y el alcohol en la conversación.

- Aumento de la fatiga e irritabilidad, sueño interrumpido.

- Desaparición de objetos de valor.

- Falta de expresión en el rostro y monotonía en la voz.

- Uso de los equipos de sonido a todo volumen.

- Cambio de actividades del día por la noche.

- Depresión emocional: frecuente mención de la idea del suicidio.

- Aliento alcohólico.

- Confusión sobre el lugar, hora y día.

- Crisis nerviosa o temor exagerado.

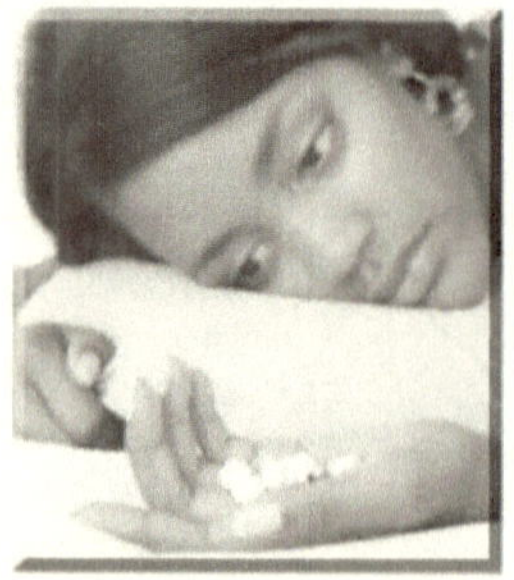

- Insomnio

- Apariencia de ebrio(a).

- Dificultad para coordinar ideas.

- Congestión en nariz y garganta.

- Hablar mucho y sin parar.

- Excesiva calma o lentitud.

- Crisis de risa inmotivada.

- Lenguaje incoherente.

- A veces oír, ver o sentir cosas que no existen.

- Los adictos son egoístas y egocéntricos, porque no les interesa nadie más que ellos.

SOCIALES

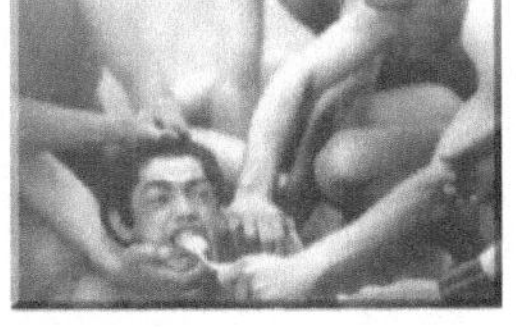

- La relación con la familia, amigos o pareja se altera, aparecen discusiones frecuentes, desinterés sexual, la comunicación se interrumpe, hay pérdida de confianza, aislamiento, etc.
- Pérdida del trabajo por incumplimiento del mismo, desempeño ineficiente, llegar tarde y faltar al trabajo, por estar recuperándose de los efectos de las drogas.
- Alejamiento de los amigos, vecinos y familiares.
- En la sociedad produce efectos sobre la estructura y organización de la misma, aumentando la demanda en los servicios de salud, la inseguridad ciudadana por delitos contra la propiedad y

la presencia del crimen organizado a través de las redes de

narcotraficantes.

PARA QUE ENTIENDAS MEJOR...

Era una agradable tarde de verano. El padre había salido al campo a pasear con su hijito. Y como hacía calor, el padre se acostó a la sombra de un árbol, mientras el niño seguía corriendo y jugando, a la vez, le traía a su papá flores silvestres que recogía de los alrededores. Pero, por fin un poco cansado, el padre se quedó dormido. Y mientras dormía, el niño se alejo de él. Cuando despertó lo primero que hizo fue buscar al hijo y luego de mucho andar, llegó al borde de un precipicio, en cuyo fondo alcanzó a ver el cuerpo sin vida de su amado hijito. Bajó hasta donde estaba y tomando el pequeño cuerpo entre sus brazos, comenzó a llorar y gritar que él era el asesino, porque debido a que se había quedado dormido el chico había caído en el precipicio.

La moraleja de esta historia es, que los padres no deben descuidarse de los hijos; ya que mientras uno duerme, los hijos avanzan solos por caminos peligrosos, al borde de una caída fatal como es el caso de la drogas. Por lo tanto, padres convivan y simpaticen con sus hijos.

Capítulo XXVII
ADOLESCENCIA Y ALCOHOLISMO

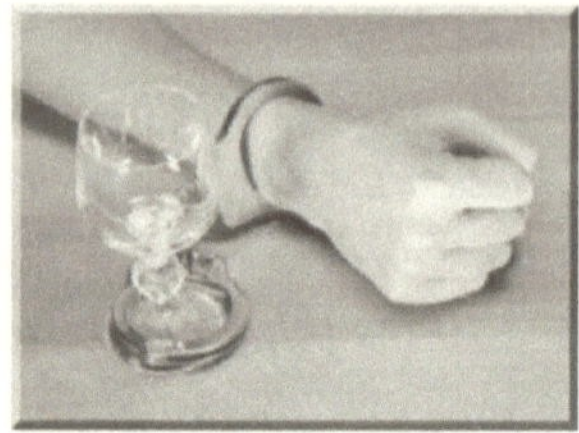

El problema del alcoholismo en nuestro país por sus altos índices debe ser elevado a rango de preocupación nacional, que comprometa a políticos, sociólogos, comunicadores sociales, médicos, economistas, educadores, sacerdotes y a toda la sociedad en pleno, para que se ponga un freno a esta problemática. Esta falta de políticas gubernamentales genera funestas consecuencias para el sector más vulnerable como son: los niños, niñas, adolescentes y jóvenes.

CONCEPTO

El alcoholismo es una enfermedad que implica un excesivo consumo de bebidas alcohólicas de forma prolongada con dependencia física y mental. Esta dependencia implica que la persona alcohólica ingerirá bebidas más fuertes y en mayor cantidad porque su organismo así lo pide y sufrirá una extrema ansiedad, nerviosismo y estrés cuando no pueda beber.

Es una enfermedad crónica producida por el consumo incontrolado de bebidas alcohólicas, la cual interfiere en la salud física, mental, social y familiar así como en las responsabilidades laborales.

ALCOHOL

Es una droga socialmente aceptada, ya que una vez introducido en nuestro organismo genera cambios de conducta.

El alcohol, como droga, pertenece a la categoría de los depresores, ya que elimina momentáneamente el miedo, las preocupaciones y las inhibiciones, dando lugar a una sensación de bienestar, seguridad y poder.

Por estas razones, es un factor de escape de la realidad, por lo menos hasta que dure el estado de embriaguez.

ADOLESCENCIA, ÉTICA Y ALCOHOLISMO

Los jóvenes deben pensar y analizar que están creciendo en un mundo donde el alcohol está causando daños cada vez más graves.

Dios creó a cada persona con un cuerpo sano y duele terriblemente ver la cantidad de adolescentes que aniquilan su cuerpo, mente, cerebro, alma y espíritu consumiendo bebidas alcohólicas.

El consumir bebidas alcohólicas no convierte al varón en más viril ni más adulto, ni a la mujer en más mujer; por el contrario, solo se puede apreciar a un(a) tonto(a) más que se está intoxicando. Con esto no se quiere decir que los jóvenes adolescentes nunca van a probar un solo trago en sus vidas, **no, un rotundo no;** van a tener esa posibilidad en su debida oportunidad cuando ya estén realizados como personas, tengan un buen trabajo, sean profesionales o tengan simplemente una familia; pero no ahora, cuando se están formando, ya que el beber solo les traerá problemas. También, es importante establecer que desde ahora tienen que formar buenos hábitos y valores, entre ellos no debe estar el consumo de bebidas alcohólicas; pero, es una decisión muy personal, ya que al final, uno decide qué es lo que quiere ser.

SEÑALES DE PELIGRO EN LOS ADOLESCENTES

El problema de alcohol se desarrolla rápido, especialmente en adolescentes. Existe un problema si tú o alguien que conoces:

- Bebe para soportar presiones de la escuela, la vida o escapar de los problemas.

- Maneja en estado de ebriedad.

- Es herido como resultado de tomar alcohol.

- Niega la posibilidad de tener un problema con la bebida.

- Tiene problemas físicos relacionados al alcohol, como ser: la fatiga, alteración en el peso, etc.

- Asiste a clases o al trabajo estando ebrio.

- Tiene problemas con la ley como resultado de tomar bebidas alcohólicas.

Lo mejor que puedes hacer por un amigo es hablarle acerca del problema y conseguirle ayuda profesional.

RECOMENDACIONES PARA PADRES

- No permita que sus hijos pasen la noche fuera de casa, salvo que sea con la supervisión de una persona mayor.

- No permita que sus hijos duerman en la casa de un amigo.

- No deje solo a su hijo cuando está reunido con sus amigos en casa. Esté al pendiente, no con ellos.

- Asegúrese que en las fiestas a las que asista su hijo no repartan bebidas alcohólicas. Para esto pregunte a su hijo o a otros padres de familia.

- Hable con su hijo de los peligros y consecuencias del consumo de bebidas alcohólicas.

- Lo más importante, confíe en ellos.

CAUSAS

IGNORANCIA

Las personas beben porque ignoran las consecuencias físicas, fisiológicas, psicológicas y sociales del consumo de bebidas alcohólicas.

COBARDÍA

Las personas toman porque no tienen las suficientes agallas para matarse de una vez y quieren hacerlo lentamente. También lo hacen, porque no tienen la valentía para afrontar sus problemas.

INFLUENCIA PRE-NATAL

La madre alcohólica transmite al feto su grado de intoxicación alcohólica, el recién nacido cuando crezca tendrá una inclinación al consumo de bebidas alcohólicas.

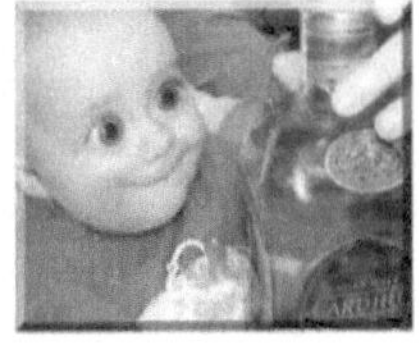

PSICOLÓGICA

Las personas beben porque tienen un bajo perfil psicológico, inestabilidad emocional, baja autoestima, para sentirse compadecidos, para hacer sufrir o vengarse, para justificar sus actos, para adquirir coraje y para liberarse de sus frustraciones.

FAMILIAR

Las personas beben porque sus hogares están fraccionados por la muerte de uno o ambos progenitores, por existir un ejemplo negativo de uno de los miembros de su familia que bebe constantemente, por excesiva presión de la familia, por abandono, por falta de cariño y por la violencia familiar que reina en sus hogares.

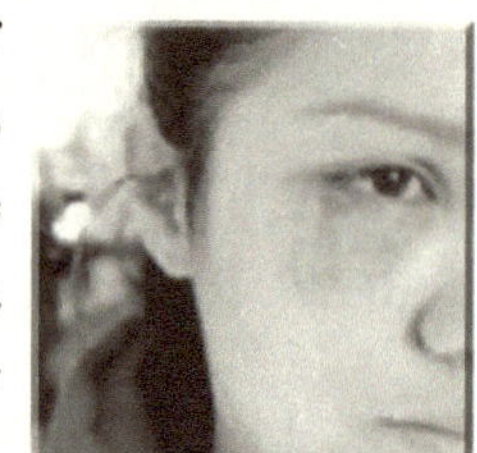

SOCIO-CULTURAL

Las personas beben porque se desenvuelven en un medio social y cultural donde el consumo de bebidas alcohólicas es lo cotidiano. Viven en lugares donde existen bares, cantinas, boliches, night clubs, karaokes, etc., donde también, se realizan prestes, entradas folklóricas, convites, fiestas, celebración de aniversarios, licenciamientos, ch'allas, etc.

Los falsos amigos también influyen para que una persona consuma bebidas alcohólicas y mucho más en la adolescencia, donde el adolescente se siente solo e incomprendido.

La formación de los padres y su nivel de instrucción son vitales para que los hijos consuman o no bebidas alcohólicas, ya que solo con una buena formación podrán orientar, aconsejar, llamar la atención, apoyar, comprender y dar el tiempo suficiente a los hijos.

CONSECUENCIAS
FISIOLÓGICAS

- Daño cerebral permanente.

- Esterilidad e impotencia.

- Pérdida del olfato, gusto y vista.

- Aborto espontáneo.

- Hipertensión arterial.

- Daño al feto en el periodo pre-natal.

- Pancreatitis.

- Hemorroides.

- Cirrosis hepática y muerte.

- Neumonía y dificultades para respirar.

- Infección en los pulmones.

- Hemorragia interna.

- Intoxicación.

- Problemas gastrointestinales.

- Envejecimiento precoz.

- Cáncer de boca, laringe, faringe, esófago e hígado.

PSICOLÓGICAS

- Pérdida de autoestima.

- Pérdida de autocrítica.

- Problemas emocionales en los hijos, como los sentimientos de culpa, pensando que los padres beben por culpa de ellos.

- Pérdida de autocontrol y alteraciones de la personalidad.

- Sentimientos de culpa y delirios.

- Psicosis (esquizofrenia).

- Anorexia.

- Trastornos mentales.

- Delirios de persecución.

- Pérdida de memoria.

- Confusión mental.

- Ansiedad.

SOCIALES

- Soledad y aislamiento.

- Ruptura familiar.

- Abuso sexual y físico a los hijos.

- Vagancia de los padres y de los hijos.

- Pérdida de trabajo.

- Accidentes de tránsito.

- Suicidios.

- Deserción escolar.

- Problemas de estudio.

- Reclusión en reformatorios o la cárcel (dependiendo de la edad) por inconductas o delitos cometidos.

- Vagancia de los padres y de los hijos.

ALCOHÓLICOS ANÓNIMOS

Alcohólicos Anónimos es una comunidad de hombres y mujeres (también adolescentes) que comparten su mutua experiencia, fortaleza y esperanza para resolver su problema común y ayudar a otros a recuperarse del alcoholismo.

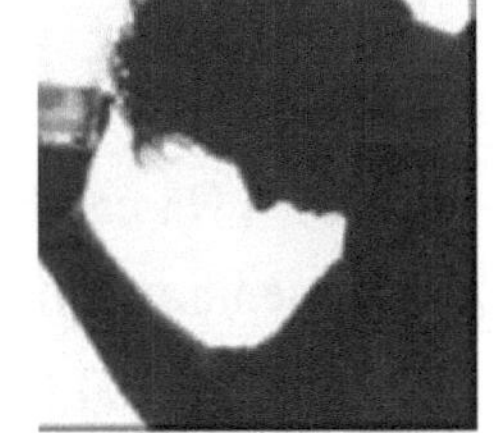

El único requisito para ser miembro de Alcohólicos Anónimos es el deseo de dejar la bebida. Tiene como objetivo primordial mantener sobrios a sus integrantes.

Por estas razones, los grupos de alcohólicos anónimos son una alternativa no gubernamental, no lucrativa, para combatir la problemática del alcoholismo.

Los **resultados alcanzados** por estos grupos, demuestran que la terapia grupal que practican es altamente efectiva.

IMPORTANCIA DEL ANONIMATO

Los grupos de alcohólicos anónimos están protegidos por el anonimato, tratando a todos sus miembros por igual; no importando si es rico, si es intelectual, si es pobre, si es persona pública, etc., evitando cualquier tipo de discriminación en su quehacer diario (porque detrás de cada alcohólico hay una familia, un trabajo, un prestigio y una vida).

DETECCIÓN DE PROBLEMAS CON LA BEBIDA

Para determinar esto, responda SI o NO a las siguientes preguntas:

1. ¿Ha tratado alguna vez de dejar de beber durante una semana o más, sin haber podido cumplir el plazo?

2. ¿Le fastidian los consejos de otras personas en cuanto a su forma de beber, le gustaría que dejasen de entrometerse en sus asuntos?

3. ¿Ha cambiado de una clase de bebida a otra, con objeto de evitar emborracharse?

4. ¿Ha tenido que tomar algún trago para levantarse por la mañana durante el año pasado?

5. ¿Tiene envidia de las personas que pueden beber sin meterse en líos?

6. ¿Ha tenido algún problema relacionado con la bebida durante el año pasado?

7. ¿Ha causado su forma de beber dificultades en casa?

8. ¿Trata usted de conseguir tragos "extras" en las fiestas, por temor de no tener lo suficiente?

9. ¿Persiste usted en decir que puede dejar de beber en el momento que quiera, a pesar de que sigue emborrachándose

cuando no quiere?

10.   ¿Ha faltado a su trabajo o a la escuela a causa de la bebida?

11.   ¿Ha tenido "lagunas mentales"?

12.   ¿Ha pensado que llevaría una vida mejor si no bebiera?

Si ha respondido por lo menos 4 de las doce preguntas afirmativamente, usted tiene problemas con la bebida.

PARA QUE ENTIENDAS MEJOR...

En cierta oportunidad Jaime de 45 años, que era un alcohólico, llegó a su casa después de haber bebido dos días seguidos. En su casa se encontraban sus hermanos quienes le llamaron la atención por la forma en que estaba llegando y porque se había olvidado del cumpleaños de su madre que vivía con él, una anciana de 75 años. El inmediatamente se fue a cambiar e ingresó al ambiente donde estaban celebrando el cumpleaños de su madre, quien lo recibió con una sonrisa y Jaime le dijo: "Felicidades, no traje ningún regalo, pero, igual felicidades "No te preocupes hijo, el regalo es lo de menos, lo importante es que estés aquí; además, el día de hoy es un día especial, no solo por mis cumpleaños, sino también porque quiero contarte un secreto"; ¿Cuál es madre?; "Sabes hijo, fui al médico y me dijo que tengo dos meses de vida, éste es el último cumpleaños que pasaremos juntos, por eso quiero pedirte el mejor regalo que me podrías dar en este día"; ¿Cuál es madre?; "Quiero que me prometas, que ya no vas a volver a beber". El la miró y con lágrimas en los ojos le dijo: "Está bien madre". Al día siguiente, fue a Alcohólicos Anónimos a pedir ayuda y desde entonces ya no bebe.

*La moraleja de esta historia es, que los padres generalmente tienen la preocupación de trabajar y llevar el pan de cada día a sus hogares. Es por eso importante, que los hijos no sean una preocupación para los padres, no importando la edad que tengan, porque cuando un hijo muestra bajo rendimiento académico, se ve envuelto en peleas, es indisciplinado, promueve actos reñidos contra la moral o en el peor de los casos, consume drogas, bebidas alcohólicas (que también es una droga) y cigarrillos; es una **preocupación adicional** para los padres y no es justo.*

Capítulo XXVIII
ADOLESCENCIA Y TABAQUISMO

El tabaquismo es reconocido desde hace varios años como un problema de salud pública debido a los daños que causa en la salud. El firmar es la causa más frecuente de muertes, pero, puede evitarse. Estudios recientes indican que la exposición al humo de los cigarrillos fumados por otra gente, produce al año la muerte de miles de personas que no fuman.

CONCEPTO

El tabaquismo es el excesivo consumo de tabaco provocado principalmente por uno de sus componentes activos, la nicotina.

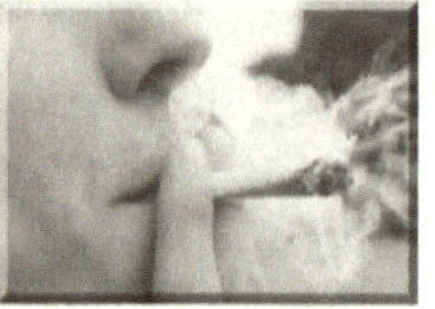

COMPOSICIÓN VENENOSA DEL TABACO

El humo del cigarrillo contiene más de 3.000 sustancias químicas, las cuales son cancerígenas. Entre éstas tenemos:

* Monóxido de carbono, es un gas venenoso que evita que el oxígeno llegue a la sangre.

* Nicotina, una media gota es mortífera.

* Aldehido fórmico, es un irritante fuerte.

* Ácido carbólico, quema la garganta

* Piridina, es un estimulante.

* Furfural, produce convulsiones y parálisis en la respiración.

* Acroleína, degenera las células cerebrales.

• Salitre (nitro, nitrato de potasio) en la envoltura de papel, es lo que mantiene encendido el cigarrillo.

FUMADORES PASIVOS

Son aquellas personas que no fuman, pero que están en constante contacto con los fumadores e inhalan el humo del cigarro; los fumadores pasivos, también, pueden contraer problemas en las vías respiratorias.

EL ADOLESCENTE Y LOS CIGARRILLOS

Los adolescentes tienen sus primeras experiencias en fumar de forma clandestina, por curiosidad y deseos de poseer lo que ellos consideran un atributo de los adultos.

Fuman por mimetismo social, por la presión que ejerce el grupo de pares ante los cuales no quieren mostrarse débiles. También, para satisfacer necesidades relacionadas con el placer oral que les ofrece el cigarrillo. Los fumadores jóvenes fuman poco y lo hacen como si se tratara de una diversión o un juego.

Los fumadores rebeldes son los que fuman para desafiar toda prohibición. El adolescente fuma cigarrillos para aparentar madurez, lo considera el chupete de los adultos y recurre a éste por situaciones de inseguridad, ansiedad, temor y soledad.

CONSEJOS PARA EVITAR QUE SUS HIJOS FUMEN

Estimula a tu hijo a participar en actividades fuera de casa, tales como el deporte, actividades de iglesia, banda, scouts, etc. Estas actividades cumplen dos objetivos: primero, si ellos tienen algo que hacer, disponen de menos tiempo para fumar y segundo, la mayoría de estas actividades son con no fumadores.

CAUSAS

Las principales causas son:

- Por la excesiva publicidad que se hace en la televisión sobre los cigarrillos.

- Por impresionar a sus pares, mucho más si son de diferente sexo, mostrando que es independiente y maduro.

- Por presión de los compañeros de grupo.

- Para adquirir un cierto "pseudo status" ante los demás.

- Por curiosidad.

- Por influencia del medio familiar.

- Por mostrarse más fuerte ante los demás, pero en realidad, lo único que demuestra es su fragilidad.

- Por rebelarse ante las normas de los mayores y mostrar su protesta ante sus frustraciones.

CONSECUENCIAS

Las principales consecuencias son:

- Bronquitis.

- Cáncer en el pulmón, laringe, boca y esófago.

- Enfisema pulmonar (perforación de los pulmones).

- Disminución de resistencia física.

- Trastornos cerebrales y cardiacos.

- Arteriosclerosis.

- Mal aliento y dientes amarillos.

- Encías dañadas.

- Pelo y ropa con mal olor.

- Tos crónica.

- Asma.

- Cataratas.

- Caída del cabello.

- Deformación de los espermatozoides.

- Pérdida de audición.

- Osteoporosis.

PARA QUE ENTIENDAS MEJOR...

En cierta oportunidad se encontró en una escuela a un alumno de 10 años fumando, por lo que se lo llevó a la dirección y el director ordenó al niño en cuestión traer a su padre. Al día siguiente, el padre ingresa a la dirección con el niño de la mano, fumando un cigarrillo y le dice al director: "Señor director, ¡muy buenos días! y ahora, que hizo éste mi hijo y el director al ver que el padre estaba fumando comprendió por qué ese niño había fumado.

La moraleja de esta historia es, que si los padres exigen cosas buenas a sus hijos, deberían empezar ellos a dar el ejemplo.

Capítulo XXIX
LOS ADOLESCENTES Y EL USO DE LAS REDES SOCIALES

RED SOCIAL

Una red social es una comunidad de amigos virtual e interactiva que intercambian información personal y contenidos multimedia, como ser: fotos, historias, eventos o pensamientos a través de perfiles creados por ellos mismos.

Las redes sociales facilitan la comunicación en diversos niveles, desde las relaciones de parentesco, interpersonales y de género, hasta de relaciones políticas, desempeñando un papel crítico que muchas veces determina agendas políticas y el grado en que los individuos alcanzan sus objetivos personales, de género o políticos. Si bien las redes sociales y la tecnología facilitan la comunicación y la expresión, también generan tremendas faltas de comunicación, pues no somos capaces de sostener una conversación debido al poco respeto y falta de atención a las personas que nos rodean; muchas veces es más importante para nosotros contestar un mensaje que prestar atención a quién está al lado nuestro. Por esta razón, alejan a nuestros seres queridos, porque el celular es un distractor por excelencia.

LA FALSA REALIDAD EN LAS REDES SOCIALES

En la actualidad las redes sociales no son solamente plataformas que nos acercan con los que están lejos, sino también espacios de

comunicación para establecer nuevas relaciones y compartir momentos de nuestra vida diaria. Por estas razones, se convierten en medios de expresión de una vida idealizada que anhelamos y de cómo nos queremos mostrar ante el resto del mundo, aunque en el fondo sepamos que eso no es lo real.

Cuerpazos, caras preciosas, buscar la mejor pose con filtros donde te veas mejor, comida aparentemente rica, lugares inolvidables en los que solo te paraste para subir la foto y fiestas divertidísimas en donde el momento cumbre fue el instante donde te tomaste la foto, son solamente la realidad virtual que creamos a partir de una irrealidad. **Buscamos "likes"**, a modo de aceptación social, para que a alguien le parezca interesante nuestra vida.

SEÑALES QUE INDICAN ANSIEDAD

Muchas veces los jóvenes que son usuarios de **Facebook, Instagram, WhatsApp o Twitter,** se sienten miserables cuando observan en estas redes la vida, cuerpo, viajes, fiestas, alegría, bodas, etc. de los otros, porque los comparan con sus vidas, que no son así de perfectas, produciéndose en ellos un gran malestar, depresión, trastornos e incluso en algunos casos tendencias suicidas.

Se pasan mucho tiempo posando para los selfis, en donde sienten que no salen bien, y eso menoscaba su autoestima, mostrándose molestos consigo mismos e irritables con los demás. Este hecho puede afectar su día.

Les importa la cantidad de "likes" que les dan por cada imagen, pensamiento o comentario que suben a las redes sociales; lo viven como personal y si tienen poca interacción, consideran que a nadie le importan, o peor aún, sienten que sus verdaderos amigos son los que les dan "likes" y les comentan. Dejan de dormir por estar en las redes sociales, pendientes de la vida de los otros.

Todo esto, genera en ellos una tendencia consumista por los **megabytes** que gastan, pero lo peor de todo, es que descuidan su trabajo, sus estudios, sus relaciones familiares, sus amistades y hasta su relación de pareja.

PETICIONES DE DESCONOCIDOS

En las redes sociales, la mayoría de los jóvenes sólo se fijan en la cantidad de seguidores que tienen, ya que esto indica lo famosos que son. Y esto hace que acaben aceptando la petición de amistad de personas desconocidas, sin conocer las verdaderas intenciones de esas solicitudes. Muchos dan información que no deberían compartir con tantas personas, porque son de orden privado, pero igual lo hacen, viéndose dañados muchas veces.

También existen comunidades o grupos no recomendables para los jóvenes, que son bastante influenciables, porque estos promueven la anorexia, la bulimia, el consumo de alcohol o drogas, conductas violentas hacia ciertos colectivos, la autolesión o realizan apología del suicidio o de la pederastia.

Los usuarios a partir del excesivo uso de las redes sociales venden su privacidad a empresas de internet como **Google**.

USURPACIÓN DE IDENTIDAD EN LAS REDES SOCIALES

Seguro que muchas veces te has preguntado si es un delito hacerse pasar por otra persona en alguna plataforma o red social. Esta cuestión es un tanto compleja y han de analizarse muchos aspectos para concluir si se ha cometido o no, un delito. Abrir un perfil ficticio, con datos falsos en cualquier red social no tiene por qué considerarse delictivo, porque tal acción no implica necesariamente la existencia de una usurpación de identidad.

La diferencia entre suplantación y usurpación, es la siguiente: la suplantación es la apropiación de los derechos y facultades propias de la persona suplantada, como es la cuenta del **Twitter o Facebook** (en las redes sociales), pero desde que el suplantador comienza a realizar actos haciendo entender que actúa como si realmente fuese propietario de esos derechos y facultades que le corresponden al suplantado, comienza a incurrir en un delito de usurpación de identidad.

Por ejemplo, cuando una persona tiene acceso a una cuenta twitter y comienza a hablar con las amistades del suplantado, desde ese momento estaría suplantando la identidad de la víctima.

La usurpación puede ir acompañada de otros delitos como el hackering, el crakering, etc. El primero es un delito contra el derecho a la privacidad, se trata de una revelación de secretos. Por otro lado, el **crakering** está relacionado con el apoderamiento de claves y contraseñas para provocar bloqueos, colapsos o algún tipo de daño en el sistema informático de la víctima.

BULLYING, CUTTING Y REDES SOCIALES

Se puede hacer mucho daño a través de las redes sociales con los comentarios y fotos que se suben y que van en contra de la trayectoria, reputación, inocencia y honorabilidad de las personas; mucho más si son adolescentes, ya que la finalidad es generar odio y buscar la desaprobación de los demás a cierta actitud o conducta.

El **Ciberacoso** es una forma de incitar al odio y está a la orden del día. Y es que el **Bullying** no es algo que se dé sólo cara a cara, sino que también puede darse en la red, ya sea a través de mensajes (amenazas, insultos, invención de rumores, etc.), a través de imágenes retocadas o sin retocar, pero que sólo se muestran para burlarse y menoscabar la imagen de una persona.

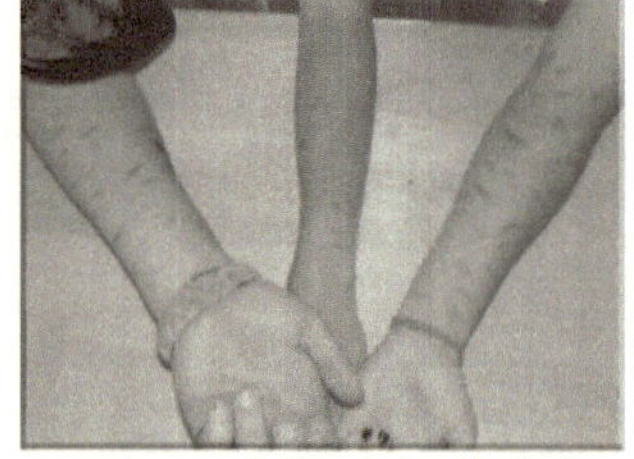

Esto genera depresión, dolor y frustración, que pueden impulsar una autoflagelación como es el caso del **Cutting o Risuka**, que tiene como objetivo provocar sufrimiento físico (cortes en la piel) para sentir alivio momentáneo (placer) al dolor psicológico y emocional que sienten. En los casos graves incluso se puede llegar al suicidio.

ESTAFAS EN LAS REDES SOCIALES

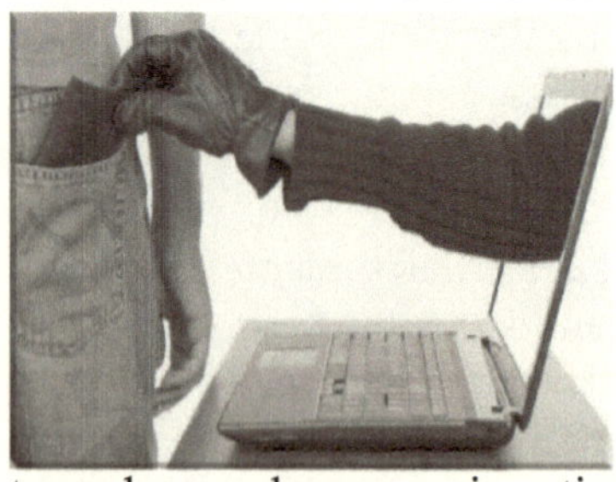

Es muy fácil estafar a una persona si se sabe decir lo que esta quiere oír. Muchos timadores utilizan el Internet para ofrecer móviles, ordenadores o videoconsolas a precio de regalo. Hacen creer a los adolescentes que si aportan dinero a un número de cuenta, podrán tener lo que deseen casi gratis.

No hace falta decir que ese dinero casi siempre sale del bolsillo de los padres, siendo estos, las víctimas colaterales de estas estafas. El adolescente, al enterarse del engaño, el sentimiento de culpabilidad extremo no tarda en aflorar. Esto es aprovechado muchas veces por los **trolls de internet**, que son generalmente conocidos de la víctima, se aprovechan de la vulnerabilidad de la víctima para herirla. Mensajes anónimos, amenazas o coacción son sólo algunas tretas de las que se valen.

Los padres deben estar atentos a las señales de angustia y ansiedad que sus hijos expresan, para ayudarlos, no para recriminarlos.

LA PELIGROSIDAD DE LOS RETOS

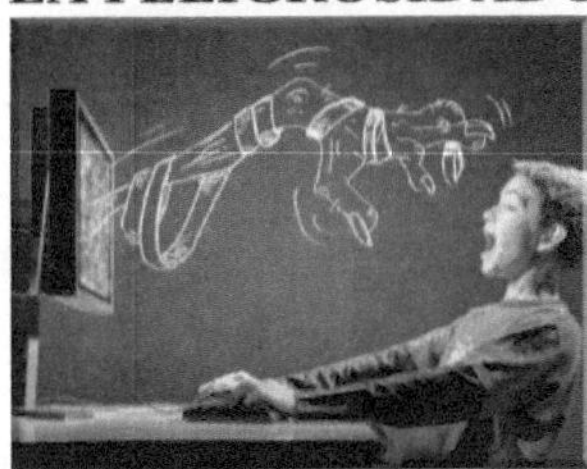

En las redes sociales, también existen los retos que se pusieron de moda entre los más jóvenes, que consisten en provocar una determinada conducta y, luego, conocer los resultados de esta conducta, para comprobar si se realizó el reto.

Uno de estos retos es el **"Juego de la Ballena Azul"**, que proponía una serie de pruebas a superar para llegar a la prueba final, el suicidio, y que cobró varias víctimas hasta que consiguieron pararlo; o el reto viral del **"Hot Water Challenge"**, en el que se animan a las personas echarse encima un cubo de agua hirviendo, algo que ha dejado daños irreversibles en varias personas.

Hay que concientizar a los más jóvenes para protegerlos de estos retos, que sólo pretenden hacerles daño.

NATURALEZA SEXUAL Y REDES SOCIALES

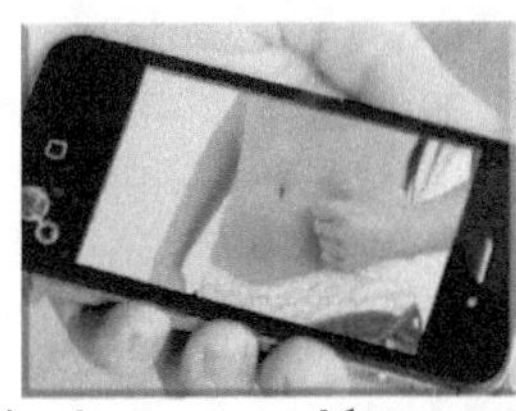

Algunas personas malintencionadas o enfermas, a partir del conocimiento de la naturaleza sexual de los seres humanos, promueven el **Grooming** que se produce cuando una persona adulta trata de engañar a un menor con la intención de que le envíe imágenes o vídeos en los que aparezca con poca ropa o desnudo, o que contengan contenido sexual; asimismo el **Sexting** que consiste en enviar mensajes, imágenes o vídeos subidos de tono. Normalmente, son consentidos, puesto que es la persona la que decide compartir con su pareja ese contenido, pero, nadie puede saber qué va a hacer esa pareja con ese material (guardarlo, enseñárselo a sus amigos, publicarlo, etc.); y la **Sextorsión** que consiste en el chantaje a través de la amenaza de compartir imágenes o vídeos en los que la víctima aparece en una actitud erótica, siendo un tipo de **Ciberacoso** cada vez más común; sólo necesitan tener ese contenido comprometedor, ya sea porque tú lo has compartido o porque te han hackeado el móvil o el ordenador y han descargado ese contenido.

Lo realmente alarmante de todo esto es, que los niños y adolescentes pueden acceder muy fácilmente a imágenes pornográficas.

LAS REDES SOCIALES COMO MEDIO DE CAPTACIÓN EN LA TRATA Y TRÁFICO DE PERSONAS

Sin importar lugar y tiempo, las redes sociales te permiten estar en contacto con un sinnúmero de personas, la mayoría de ellas desconocidas; por eso es importante conocer el uso de las redes sociales, así como la comisión de delitos por esta vía. Uno de los delitos que se pueden cometer a través de redes sociales, es la trata de personas, ya que permite al delincuente captar o enganchar a alguna posible víctima; las mujeres, niñas, niños y adolescentes, así como los migrantes en tránsito, indígenas y personas con discapacidad, son los grupos más susceptibles a ser engañados y manipulados sentimentalmente con falsas promesas de una mejor vida.

Es alarmante la suplantación de identidad, donde menores de edad son contactados por **perfiles falsos en Facebook**, haciéndose pasar por jóvenes de su misma edad; sin embargo, las personas detrás del monitor son pertenecientes a bandas delincuenciales que captan a jóvenes con el afán de traficarlos o explotarlos laboral y sexualmente.

Este medio le resulta muy conveniente al traficante por la accesibilidad y la posibilidad de hacerse pasar por otra persona, de conocer gente de cualquier lugar del mundo y de interactuar con varias personas a la vez, valiéndose del anonimato.

Para capturar a sus víctimas, los tratantes utilizan las redes sociales, chats, buscadores de pareja y ofertas de trabajo en falsas agencias de modelos, que les permiten obtener información para después contactarlas, atraparlas y someterlas al tráfico ilegal de personas.

Pero, ¿cómo se ganan esa confianza los implicados en las redes de trata? Es a través de todo un trabajo que se hace con el chico en cuestión, haciéndole creer que del otro lado hay alguien de su misma edad que comparte sus gustos y sus problemas. A partir de entonces, el hecho de contarse entre sí cosas personales y privadas empieza a facilitarse, porque la conversación no es cara a cara.

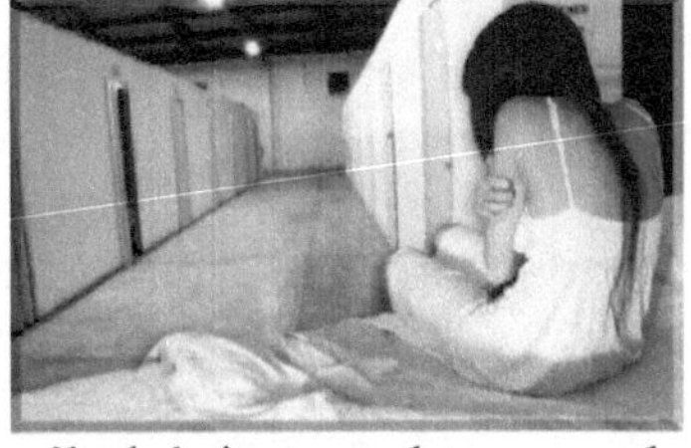

Con el trabajo psicológico que se hace con el menor, las personas del otro lado de la red le empiezan a pedir a éste que haga o diga cada vez más cosas, hasta entrar en un juego de extorsión, para luego confesarle que el supuesto amigo virtual es una persona mayor y que es él el único en el que puede confiar.

De este modo, el Internet ha pasado a formar parte del proceso de la **trata y tráfico de personas**, por lo que se insiste, sobre todo a padres de familia y a adolescentes, ser cautelosos ya sea con la supervisión por parte de los primeros y el manejo de información y contactos con los segundos.

LOS JUEGOS ONLINE DE LAS REDES SOCIALES

Cuando los videojuegos se hacen adictivos en los niños, niñas y adolescentes surgen los problemas y mucho más si son juegos online, ya que el videojuego nunca se interrumpe ni termina y, además, se convierte en una actividad de tiempo completo que trae consigo problemas de obesidad por la falta de ejercicio y por la ansiedad que provoca comer y beber compulsivamente.

Las competencias online tienden muchas veces a exacerbar el estado mental de los adolescentes, pues en su afán de ganar a su contrincante, no paran hasta no haberlos "asesinado"; solo así sentirán la satisfacción de saberse superiores dentro de la realidad virtual los videojuegos.

Cuando el jugador se siente más cómodo en el mundo de los videojuegos (ansioso y eufórico) que en el mundo real, aparecen los problemas de atención y estrés.

Asimismo, este **déficit de atención** puede asociarse a un **deficiente rendimiento escolar**, ya que está demostrado que los usuarios de videojuegos leen menos y no hacen sus deberes escolares.

Dicho peor rendimiento escolar también se relaciona con una mayor conducta antisocial, porque más del 85 % de los videojuegos son de temática violenta, observándose cada vez una mayor tolerancia y aceptación a los actos violentos, y, por consiguiente, existe una promoción de la violencia a edades tempranas, desarrollando una menor capacidad de autocontrol y una mayor impulsividad.

Junto con esta mayor tolerancia a la violencia, también se produce una mayor probabilidad de consumo de alcohol y de drogas.

Además, este abuso de los videojuegos también tiene una serie de consecuencias sociales negativas como un mayor aislamiento social, no solo entre personas de su misma edad, sino también con sus padres, produciendo una relación afectiva débil.

En lo social, también, se observa un reforzamiento de estereotipos sociales de tipo racial o sexual.

DAÑOS FÍSICOS PROVOCADOS POR LA TECNOLOGÍA

Entre estos daños tenemos, al famoso síndrome del "túnel carpiano", una lesión que antes de que existieran los ordenadores solo afectaba a las personas mayores, pero que ahora puede afectar a quien use un ratón (mouse). El llamado **"dedo de BlackBerry"**, extrapolable a los smartphones, anteriormente conocido como la **"artrosis de las costureras"**, viene del hábito de teclear una acción que sobrecarga nuestro dedo pulgar. Los portátiles han hecho aumentar las "patologías cervicales", al poder trabajar en cualquier sitio e incluso pueden afectar negativamente a la fertilidad. El uso de dispositivos electrónicos justo antes de dormir dificulta la conciliación del sueño y los aparatos electrónicos de reproducción de música con auriculares ponen en peligro nuestra audición dañando el tímpano. Los especialistas señalan que es posible llegar a sufrir enfermedades como la **miopía** o la degeneración macular, generado por el deterioro de la mácula (capa de tejido sensible a la luz que se encuentra en la parte posterior del ojo), es la principal causa de ceguera en el mundo. En los deportistas el uso de celulares, portátiles, computadoras y televisores, destruye su capacidad de lateralidad.

Si hablamos del uso del **Wi-Fi**, este tiene efectos nocivos para la salud, especialmente para los niños, ya que aumenta el riesgo de cáncer; genera dolores de cabeza, afecta la fertilidad y el ADN, aumenta reacciones alérgicas, altera las hormonas y neurotransmisores, debilita el sistema inmunológico, daña los riñones y la función cardíaca.

DAÑOS PSICOLÓGICOS PROVOCADOS POR LA TECNOLOGÍA

Estrés laboral, el pensar que tenemos responsabilidades familiares, laborales, emocionales, sociales hace que no sepamos cómo partirnos en dos al ver un computador, no sabemos cómo partirnos en dos, por lo cual nos mostramos muy tensos e irritables.

"Síndrome de la Selfi", como consecuencia de los avances tecnológicos, las redes sociales y la presencia de cámaras en todos los teléfonos móviles, tabletas, relojes, etc. las selfis están causando furor en especial en los jóvenes que buscan inmortalizar "ese momento" en diferentes situaciones de su vida cotidiana. El uso excesivo de esta moda puede provocar una predisposición a desarrollar un trastorno de ansiedad y depresión en los adolescentes, sobre todo en las mujeres que tienden a comparar sus realidades con las que ven en el mundo "ideal" de las redes sociales. Esto da lugar a la asociación entre narcisismo o baja autoestima y la obsesión por sacarse este tipo de fotografías. **"Síndrome de FOMO"**, es uno de los trastornos que surgió a raíz del avance tecnológico de los celulares inteligentes "Smartphones", que se manifiesta cuando la persona está obsesionada con las redes sociales; no puede pasar ni un minuto sin estar conectado a la red de internet, observando las publicaciones de sus contactos, sus selfis y qué comentarios realizan sus amigos, etc. Su estado de ánimo está en función del qué dirán en las redes sociales.

Adicción y acceso fácil directo a la pornografía, con el avance tecnológico de los aparatos inteligentes de comunicación, el acceso a la pornografía está a un clic de la pantalla, sin tener ningún tipo de restricción o control, ya que estos aparatos son personales y tienen libre acceso a la nube de internet, siendo su uso indiscriminado. Aislamiento social, así como se obsesionan por las redes sociales, de igual manera, se aíslan de manera voluntaria de su entorno social, estando más atentos a su dispositivo inteligente que a sus amigos, familiares, trabajo y estudios. Adicción a los aparatos tecnológicos, son fanáticos de las redes sociales, música, mensajería instantánea y otros. Esto deja como consecuencia que las personas no se enfoquen al mundo exterior, sino que se limitan al mundo virtual. **"Síndrome de la vibración fantasma"**, este síndrome es experimentado por casi el 95% de personas que tuvieron y tienen un teléfono móvil, ya que desde que implantaron un motor que vibra dentro del celular, tenemos la sensación de que vibra nuestro teléfono ya sea por llamadas o mensajes, pero sin darnos cuenta de que ese día no llevamos el teléfono móvil, o sino cuando esperamos una llamada urgente, etc. **"Sleep-texting"**, es un trastorno particular que sufre una persona adicta al teléfono

celular, el cual mientras duerme, en su inconsciencia, escribe mensajes a otra persona, y solo se percata de ese acto al día siguiente revisando su dispositivo móvil.

Por otro lado, a partir del uso de los medios tecnológicos, vendemos nuestra privacidad a empresas como Google.

En cierta oportunidad Susana conoció a un amigo por internet, de nombre David, quien la sedujo hasta enamorarla. Susana con sus 15 primaveras, jamás pensó que el amor pudiera ser tan intenso, porque las palabras de David eran fuego para su alma.

Un día concretaron una cita, ella asistió puntualmente; pero David no hizo lo mismo, porque la imagen que proyectaba en las redes no era la misma que en la vida real. Él tenía una esposa e hijos y no podía corresponder de la misma manera a Susana.

La moraleja de esta historia es, que en las redes sociales no todo lo aparente es lo real. Los padres deberían controlar no solo el tiempo que los hijos pasan al frente de un ordenador, sino también sus contactos o amistades.

BIBLIOGRAFÍA DE APOYO

ACHÁ, Samuel. Tendencias psicológicas actuales. Editorial Gonzales. La Paz- Bolivia 1994.

CAJIAS, Huáscar. Criminología. Editorial Juventud. La Paz-Bolivia 1990.

CANFIELD, Jack. Chocolate Caliente para el alma. Editorial Atlántida. México 2000.

CHAIJ, Enrique. Dicha y Armonía en el Hogar. Editorial Sudamericana. Buenos Aires-Argentina 1978.

CONCEJO NACIONAL DE POBLACIÓN DE MEXICO, Guía Básica. Editorial Nacional. México 1990.

COVEY, Sean. 7 Hábitos de Adolescentes Altamente Efectivos. Editorial. Grupo Sánchez. México 2000.

CRUZ, Camilo. Los genios no nacen ¡Se hacen! Editorial Taller del éxito. Bogotá- Colombia 2008.

GOLSTEIN, Arnold. Habilidades Sociales y Autocontrol de la Adolescencia. Editorial LIBERGRAF. Barcelona- España 2002.

GRAY, John. Los Hombres son de Marte y las Mujeres de Venus. Editorial Atlántida. Brasil 1996.

HALGIN, Richard. Psicología de la Anormalidad. Editorial Me Graw Hill. México 1995.

INGENIEROS, José. El Hombre Mediocre. Editorial Juventud. La Paz-Bolivia 1994.

INTERNET, Fotos recopiladas.

LOPERA, Jaime. ¿Y de quien es la culpa?. Editorial NOMOS. Bogotá-Colombia 2005.

MALDONADO, Ruth. Sexualidad y Reproducción Humana. Editorial Gisbert y Cia. La Paz-Bolivia 1983.

MANZANO, Henry. ¿Hijos o enemigos?. Editorial Colecciones Culturales Editores Impresores. La Paz-Bolivia 2012.

MERANI, Alberto, Diccionario de Psicología. Editorial Grijalbo. México DF 1986.

MONTERO, Maritza. Construcción y Crítica de la Psicología Social. Editorial Antropos. México 1995.

NACIONES UNIDAS. Manual para la lucha contra la trata de personas. Editorial United Nations. Nueva York 2007.

PAPALIA, Diane. WINDKOS, Rally. DUSKIN, Ruth. Desarrollo Humano. Editorial Me. Graw Hill. México 2004.

PEARSON, Gerald. La Adolescencia y el Conflicto de Generaciones. Editorial Siglo XX. Buenos Aires-Argentina 1977.

ROCA, Eliana. La Adopción. Editorial EDOBOL. La Paz- Bolivia 1997.

SPERR, Monika. Los padres domados. Editorial Grijalbo. Buenos Aires-Argentina 1982.

VAN PELT, Nancy. Como formar hijos vencedores. Asociación Casa Editora Sudamericana. Buenos Aires-Argentina 2007.

WAYNE, Dier. Tus Zonas Erróneas. Editorial Grijalbo. Barcelona-España   2001.

CONTENIDO

PRESENTACIÓN
CAPÍTULO I
INTRODUCCIÓN A LA PSICOLOGÍA DE LA ADOLESCENCIA
Etimología.
Concepto.
Padre de la psicología.
Ramas de la psicología.
Psicología social.
Psicología clínica.
Psicología diferencial.
Psicología evolutiva.
Psicología de la adolescencia.
Importancia de la psicología.
13

CAPÍTULO II
DESARROLLO FÍSICO EN LA ADOLESCENCIA
Periodo pre-natal.
Periodo peri-natal.
Periodo post-natal.
Pubertad.
Adolescencia.
Factores que determinan el desarrollo físico.   20

CAPÍTULO III
LA ALIMENTACIÓN Y EL DEPORTE EN LA VIDA DEL ADOLESCENTE
Influencia de la familia.
Problemas de alimentación en la adolescencia.
Minerales y vitaminas que tienen especial importancia en la adolescencia.
Minerales.
Vitaminas.
Recomendaciones.
Consecuencias.
Trastornos alimentarlos.
Anorexia nerviosa.
Bulimia.
El deporte y la adolescencia.
Problemática del sedentarismo.
Consumo de drogas.
El deporte y la salud.
Tiempo de actividad física.
Deporte y competencia.
Beneficios del deporte.   32

CAPÍTULO IV
DESARROLLO SOCIAL EN LA ADOLESCENCIA
Influencia del hogar.
Influencia de la escuela.
Adolescencia.
Crisis de Identidad.

El adolescente y su rendimiento escolar.
El trabajo y su Influencia en la conducta del adolescente.
Recomendaciones para los padres.
Relaciones con la familia y sus normas.
Adolescencia y sociedad.
Autoestima.
Diez consejos para educar a un adolescente. 44

CAPÍTULO V
DESARROLLO DE HÁBITOS Y VALORES EN EL ADOLESCENTE
Formación integral.
Valores.
Hábitos.
Clasificación de los hábitos.
Hábitos de adolescentes superiores.
Ser proactivo.
Tener una misión en la vida.
Hacer historia.
Diferenciar entre lo esencial y lo secundario.
Ganar siempre tiene que ser la premisa.
La necesidad de la oración.
Buscar primero entender, luego ser entendido.
Debe apreciar su libertad de acción.
Trabajo en equipo.
Renovación constante.
Hábitos de adolescentes mediocres.
Recetas para la felicidad.
Carta escrita por la Madre Teresa de Calcuta. 59

CAPÍTULO VI
DESARROLLO CULTURAL EN LA ADOLESCENCIA
Cultura.
Bolivia y su cultura.
El adolescente y la cultura.
Cultura y sus perspectivas.
La cultura como un desarrollo de las artes.
La cultura como un desarrollo de los conocimientos.
Medios de comunicación.
Efectos negativos de la televisión.
Recomendaciones para padres de familia. 66

CAPÍTULO VII
DESARROLLO RELIGIOSO EN LA ADOLESCENCIA
Origen de las religiones.
Cristiano.
Ateísmo.
Entidades religiosas en Bolivia.
Características.
El adolescente y la religión.
Creencias religiosas y sexualidad.
Los sentimientos religiosos en el adolescente.
Educación y religión.
Diferencias religiosas por sexo.

Medios de comunicación y religión.
Tipología religiosa.

Recomendaciones para padres y profesores.   78

CAPÍTULO VIII
ACTIVIDAD CONSCIENTE E INCONSCIENTE
Actividad consciente.
Actividad Inconsciente.
Yo.
Ello.
Súper yo.
Funcionamiento del Yo, el Ello y el Súper Yo en la vida real.   83

CAPÍTULO IX
LA FRUSTRACIÓN
Concepto.
Intensidad de las frustraciones.
Reacciones a la frustración.
La depresión y el suicidio.
Mecanismos de defensa.
Causas que generan frustración en el adolescente.
Consecuencias.   91

CAPÍTULO X
DESARROLLO SEXUAL EN LA ADOLESCENCIA
Sexo.
Sexualidad.
Relaciones sexuales.
Desarrollo de la identidad sexual.
Infancia.
Niñez.
Pubertad.
Adolescencia.
El amor como fuente de preocupación.
Adolescentes embarazadas.
Los adolescentes y la pornografía.
Sexo y normas sociales.
Educación sexual.   102

CAPÍTULO XI
ALTERACIONES Y DESVIACIONES SEXUALES
Aliteraciones sexuales.
Frigidez.
Vaginismo.
Ninfomanía.
Impotencia sexual.
Satiriasls.
B. Desviaciones sexuales.
Pedofilia.
Zoofilia.
Necrofilia.
Fetichismo.
Gerontosexualldad.
Froteurismo.

Voyeurismo.
Exhibicionismo.
Troilismo.
Transvestismo.
Sadismo.
Masoquismo.
Sadomasoquismo.
Consecuencias de la insatisfacción sexual en los adolescentes. 111

CAPÍTULO XII
LA HOMOSEXUALIDAD
Concepto.
La homosexualidad y su origen.
El homosexual nace.
El homosexual se hace.
Clases de homosexualidad.
Sociedad y homosexualidad.
El adolescente y la homosexualidad.
Actitud de los padres frente a los hijos.
Causas.
Consecuencias.   118

CAPÍTULO XIII
LA PROSTITUCIÓN
Concepto.
Sociedad y prostitución.
Depresión y adolescencia.
Familia, adolescencia y prostitución.
Deserción escolar.
Causas.
Consecuencias.
Perfil psicológico de la trabajadora sexual.   126

CAPÍTULO XIV
INFECCIONES DE TRANSMISIÓN SEXUAL
Clases de Infecciones de Transmisión Sexual.
Gonorrea.
Chancro blando.
Clamidia.
Gardnerella vaginalis.
Sífilis.
Herpes genital.
Hepatitis B.
Condilomas.
SIDA.
Tricomoniasis.
Donovanosls o Granuloma Inguinal.
Candidiasis vaginal.
Sama.
Flujos vaginales y uretrales.
Pediculosis púbica o ladillas.
Síntomas de las I.T.S.
Formas de contagio.
Factores de propagación de las I.T.S.
Tratamiento.
Recomendaciones.

Perfil psicológico. 135

CAPÍTULO XV EL SIDA
Concepto.
Formas de contagio.
Test de Elisa.
Grupos de riesgo.
Consecuencias.
Prevenciones. 140

CAPÍTULO XVI
FAMILIA, MATRIMONIO Y DIVORCIO
Familia.
Matrimonio.
La importancia de los hogares felices.
Valores, matrimonio y divorcio.
Divorcio.
Causas. 146

CAPÍTULO XVII
EL ABORTO Y LA PLANIFICACIÓN FAMILIAR
Concepto.
Clases de aborto.
Aborto espontáneo.
Aborto provocado o inducido.
Posiciones en cuanto al aborto.
Posición del pro vida.
Posición de la elección libre.
Formas en las que se procede a un aborto.
Causas.
Consecuencias.
Métodos anticonceptivos.
Libertad y libertinaje. 160

CAPÍTULO XVIII
LA ESTERILIDAD Y LA ADOPCIÓN
Pareja estéril.
Incidencia.
Causas de esterilidad masculina.
Causas de esterilidad femenina.
Perfil psicológico de la paciente estéril y su pareja.
Tratamiento.
El abandono y la adopción.
Adopción.
Clases de adopción.
Causas que motivan la adopción.
Perfil psicológico del hijo abandonado.
Perfil psicológico de la madre biológica y de la madre adoptiva.
Hijo y padres adoptivos. 170

CAPÍTULO XIX VIOLENCIA FAMILIAR
Concepto.
Clases de violencia familiar.
Violencia física.
Violencia psicológica.
Violencia moral.

Violencia sexual.
Violencia económica.
Causas.
Consecuencias.
Formas de evitar la violencia familiar.   178

CAPÍTULO XX
TRATA Y TRÁFICO DE PERSONAS
Características generales.
Estadística alarmante.
Diferencia entre trata y tráfico.
Tráfico de personas.
Trata de personas.
Medios para captar víctimas.
Medidas de prevención.
Para los hijos.
Para los padres.   188

CAPÍTULO XXI
TRASTORNOS DE LA PERSONALIDAD
Factores que determinan los Trastornos de la personalidad.
Clases de trastornos.
A. Neurosis.
Trastorno por ansiedad generalizada.
Trastorno obsesivo compulsivo.
Trastorno fóbico.
Trastorno por estrés postraumático.
Trastorno histriónico.
Trastorno antisocial.
Trastorno somatomorfo.
Trastorno de control de impulsos.
B. Psicosis.
Esquizofrenia.
Paranoia.
Piromanía.
Parafilia.
Trastorno bipolar o trastorno maníaco depresivo.
Trastorno narcisista de la personalidad.
Trastorno disociativo o de personalidad múltiple.
Sintomatología.
Según el DSM IV y el CIE-10.   202

CAPÍTULO XXII DELINCUENCIA JUVENIL
Introducción.
Origen del cerebro criminal.
Delito.
Delincuencia juvenil.
Principales delitos cometidos por delincuentes juveniles.
Problemas con la ley.
Pandillas y escuela.
La soledad y la delincuencia juvenil.
Influencia de los padres.
Doce maneras fáciles de crear un delincuente juvenil.
Causas.
Consecuencias.
Reinserción social.

Perfil psicológico de un delincuente juvenil.   212

CAPÍTULO XXIII ACOSO ESCOLAR
Concepto.
Características.
Formas en las que se manifiesta el acoso escolar.
Causas.
Consecuencias.
Perfil psicológico del agresor.
Perfil psicológico de la víctima.
Prevención.   223

CAPÍTULO XXIV INTELIGENCIAS MÚLTIPLES
Teoría de las inteligencias múltiples.
Inteligencia espacial.
Inteligencia musical.
Inteligencia lógico-matemática.
Inteligencia lingüística.
Inteligencia corporal- kinestésica.
Inteligencia intrapersonal.
Inteligencia interpersonal.
Inteligencia naturalista.
Recomendaciones para padres y profesores.   231

CAPÍTULO XXV
PENA DE MUERTE Y EL SECRETO DE LA VIDA
El estudio de la muerte.
Tanatología.
La pena de muerte y los derechos humanos.
La pena de muerte en Bolivia.
Alternativas frente a la pena de muerte.
Actitud del adolescente frente a la muerte.
El valor de la vida y el adolescente.
Respeto a la vida.   239

CAPÍTULO XXVI DROGADICCIÓN
Introducción.
Droga.
Drogadicción.
Adicción.
El adolescente y las drogas.
Influencia de la familia.
Los amigos y el consumo de drogas en la adolescencia.
Tipos de drogas.
Causas.
Consecuencias.   249

CAPÍTULO XXVII
ADOLESCENCIA Y ALCOHOLISMO
Alcohol.
Adolescencia, ética y alcoholismo.
Señales de peligro en los adolescentes.
Recomendaciones para padres.
Causas.
Consecuencias.

Alcohólicos anónimos.
Importancia del anonimato.
Detección de problemas con la bebida.   259

CAPÍTULO XXVIII ADOLESCENCIA Y TABAQUISMO
Composición venenosa del tabaco.
Fumadores pasivos El adolescente y los cigarrillos.
Consejos para evitar que sus hijos fumen.
Causas.
Consecuencias.   264

**CAPÍTULO XX
LOS ADOLESCENTES Y EL USO DE LAS REDES
SOCIALES**
Red social
La falsa realidad en las redes sociales
Señales que indican ansiedad
Peticiones de desconocidos
Usurpación de identidad en las redes sociales
Bullying, cutting y redes sociales
Estafas en las redes sociales
La peligrosidad de los retos
Naturaleza sexual y redes sociales
Las redes sociales como medio de captación en la trata y tráfico de
personas
Los juegos online de las redes sociales
Daños físicos provocados por la tecnología
Daños psicológicos provocados por la tecnología
Composición venenosa del tabaco.
Fumadores pasivos El adolescente y los cigarrillos.
Consejos para evitar que sus hijos fumen.
Causas.
Consecuencias.   275